稲葉耶季《やすえ》 著
元那覇地方裁判所判事・元琉球大学教授

# 食べない、死なない、争わない

人生はすべて思いどおり——
伝説の元裁判官の生きる知恵

マキノ出版

# はじめに

## ～悠々とした大河の流れのように生きる～

こんにちは、稲葉耶季《いなばやすえ》です。

本書を手に取っていただき、ありがとうございます。

私は現在、インドの中央部にある、ある州の仏教大学設立プロジェクトのアドバイザーとして、インドと日本を行ったり来たりしています。２０１４年9月から12月までは、インドのビハール州ラジギールにある日本のお寺で修行をしてきました。

いまは仏教の僧侶ですが、実は、生まれはキリスト教の教会です。

東京・渋谷駅から公園通りを上る坂の途中に、「東京山手教会」という教会があります。２０００年までは、地下に「ジァンジァン」という小劇場があった場所です。

この教会は、戦後間もなく父が創立し、約50年間、父が正牧師、母が副牧師を務め、私は3人の姉、2人の兄とともに、ここで育ちました。13歳のとき、洗礼を受けてクリスチャンになりました。

ところが、中学3年生くらいから、私は仏教に強くひかれるようになり、学生時代を通じて、しばしば京都のお寺を訪ねては、ときを忘れて瞑想《めいそう》をするようになりました。

といっても、当時は学生ですから、心の平安を求めて瞑想していただけで、正式に仏教に帰依《きえ》していたわけではありません。私が僧侶になったのは、それから約50年のときをへた2013年です。

その間、私はとても多くの体験をしました。

都立の高校から東京大学に入学し、卒業後は都庁に就職したものの、4年余りで退職。裁判官になろうと決意して勉強し、1974年の司法試験に合格して裁判官になりました。

各地の裁判所に勤務するなかで、とりわけ沖縄の地が気に入り、沖縄にい続けるためにいったん裁判官を辞《や》め、琉球大学の法科大学院の教授になりました。その後、再び沖縄県内の簡易裁判所に勤めて定年を迎えました。

裁判官や大学教授を務めながら、沖縄を中心に各地で瞑想会を開き、たくさんの人たちにご参加いただきました。東日本大震災後の2011年4月9日には、沖縄の八《や》重島《えじま》にある神社、大国ミロク大社に招かれて被災者を悼《いた》む平和瞑想会を行ったところ、瞑想していた約1時間の間、天から7色の光が降りそそぐという不思議な体験もしました（その様子はYouTubeの動画でご覧いただけます）。

もともと少食でしたが、いろいろな体験を通じて、しだいに食べるものの種類と量がへり、一時は5ヵ月間、水以外はとらない不食《ふしょく》の生活をしました。その後は、一日に少量の玄米《げんまい》ごはんと野菜などをとる超少食で過ごしています。

国内で瞑想会を行う合間をぬって、世界各地を旅しました。なかでも頻繁《ひんぱん》に足を運んだのが、チベット、インド、ネパール、ブータンといった仏教圏の国々、とくにヒマラヤ周辺です。

そんななかで、縁あって、ヒマラヤの入り口にあるウッタールアンチャル州のガネーシュプールという村に、現地の子供たちが通う小・中学校をつくることになりました。インドの首都・デリーから約250キロ北に位置するデラドゥン市の近くにある村です。この学校は「ヒマラヤ稲葉学校」と名づけられ、いまも優秀な卒業生を輩出しています。

そのように、インドとは深い縁がある私ですが、インドで仏教を復興する仕事に携《たずさ》わるなどということは夢にも思っていませんでした。しかし、インドの学校を訪れるたびに泊めていただいた、デリーにあるお寺の尼僧《にそう》に出会ったことがきっかけで、このような流れになったのです。

私のモットーは「自分にとっての自然な流れを大切にして、心地よく生きる」ということです。各地の瞑想会、不食や超少食、ヒマラヤの学校づくり、インドで仏教復興の仕事をすること……。すべて、自分にとって心地よいことを選び、好きなようにやってきた結果です。

自分がそうであるだけでなく、人にもそうあってほしいと常に願っています。人は、あたりまえですが、それぞれ考えや感覚が違うので、自分がよいと思うことを押しつけたり、人を批判したり、人と争ったりしようとは思いません。

川の水が、出っぱった岩に荒々しくぶつかるのではなく、スルリと迂回《うかい》して流れていくように、自分が好きなように生きながらも、他者とぶつからずに生きるのが理想です。長く裁判官という職を務めてきましたが、人としては誰をもジャッジしないという姿勢を貫《つらぬ》こうとしてきたつもりです。

本書のタイトル『食べない、死なない、争わない』は、字面だけを見ると、なんとなくものものしい雰囲気に感じられるかもしれませんが、「こうしてください」とか「こうあらねば」とかという主張ではありません。右にあげたようなさまざまな体験をするなかで、自分が自然に心地よく生きる知恵として学んだことを、三つの柱にまとめてみたものです。

「これは誰かの参考になるかもしれないからお伝えしたいな」と思うことをまとめただけなのですが、奇《く》しくもいまの時代に、注目される三つのテーマに集約されました。それぞれのことに興味がある人に、何かの形で参考にしていただけたら幸いです。

稲葉耶季

２０１５年４月

# 食べない、死なない、争わない　目次

# 第2章＊死なない（死はふるさとに帰るうれしいイベント）

# 第3章＊争わない（武器を持たないことこそ強い）

付章＊いまを生きる16の知恵

装丁・本文デザイン＝藤田美咲
写真＝富田浩二
写真提供＝稲葉耶季（P185）

# 第1章＊

# 食べない

## 5ヵ月間の不食体験と現在

## 食べないほうが幸せ――だけどときが満ちるのを待つ

最近、「不食《ふしょく》」というテーマが注目を集めています。

2014年に出版された『食べない人たち』（マキノ出版）という本が話題になり、たいへん多くの人に読まれているそうです。この本は、2008年以降、原則として水も食物もとらない不食生活を続けている弁護士の秋山佳胤《あきやまよしたね》さん、1994年以降、一日に青汁1杯だけで過ごしている鍼灸師《しんきゅうし》の森美智代《もりみちよ》さん、自《みずか》らが実験台になって不食の実験をくり返している思想家の山田鷹夫《やまだたかお》さんの3名による共著で、それぞれの立場から不食について語っています。

ちなみに、秋山さんの章には、「不思議なI先生」として私も登場しています。

現代の不食者として世界的に有名なのは、オーストラリアのジャスムヒーンさんで、『リヴィング・オン・ライト』（ナチュラルスピリット）などの著書があります。

# 第1章
＊
# 食べない

そもそも「不食」とは、どういうことでしょうか。

狭い意味では、文字どおり「食物をとらないこと」ですが、最近はもう少し広い意味でもとらえられているようです。

『食べない人たち』の中で、秋山さんは「不食とは、食べるのをがまんすることではありません。食べないほうが、心と体にとってどれだけらくで、どれだけ多くの幸福をもたらすかを知ることなのです。」と述べています。

私は、狭い意味での不食、つまり、食物をとらないで生きる状態を、2005年の夏に5ヵ月間だけ体験しました。そして、「食べないほうがらくで幸せだと知っている」ということが、広い意味での不食とするなら、もう30年以上、不食を体験し、実感しています。

山田さんは「断食《だんじき》と不食とは、ある意味ではまったく逆。修行の目的で食欲をがまんし、つらい思いで行う断食に対し、不食は楽しくて快適」という意味のことを述べておられますが、そのとおりだと思います。2005年の不食の期間、私は心身ともに快適そのものでした。

それなのに、なぜ5ヵ月間でやめたかというと、徐々にやせてきたからです。

当時、琉球大学法科大学院の教授をしていた私は、学生から「先生、最近、ちょっとやせていませんか」ときかれました。

「そうですね、少し体重がへりましたね。4キロくらい」と答えたとき、はたと気がついたのです。体のシステムが不食で生きられるようになっていたら、食物をとらなくてもやせることはないはずだ、と。

人づてに「稲葉先生は病気ではないか」と心配する声も耳にしました。もともとが身長150センチで体重は42キロと、太ってはいなかったので、4キロやせて30キロ台になると、いかにもやせた印象になったようです。

そこで、「私がやせるのは、まだ体のシステムが不食向きに変わりきっていないから。時期尚早だ」と考えて、不食生活をやめ、一日1食に戻しました。

不食生活は、快適でさえあれば、いっとき体重がへっても、体が慣れるにつれて元に戻るともいわれています。私も、もう少し続けていれば戻ったかもしれませんが、無理はしたくありませんでした。

「いずれ、ときが満ちるだろう、そのときを待とう」と思ったのです。その予感どおりに、いままた、体のシステムが不食に向けて整いつつあるのを感じています。

## 体の準備ができたときにやめるきっかけに出合う

このように、私の不食体験は、秋山さんや森さんに比べるとわずかな期間であり、体のシステム変換はいまだ過渡期《かとき》にあります。しかし、だからこそ、不食や超少食に関心がある人にとっては、私の体験や学んだことが、リアルに役立つのではないかと思います。

そこで、私が少食を始めた理由やその後の経緯、「人はなぜ不食で生きられるのか」についての私なりの考察を、以下に述べてみます。

ただ、ひとことお断りしておきますが、おいしいものを食べることは、大切な楽しみであり、人づきあいの重要なツールでもあります。私自身は再び不食をめざしていますが、むやみに人にすすめるつもりはありません。

不食は、決して無理して一足飛びに行うものではなく、少食や超少食が快適だと感じる人が、さらに少しずつ進んで結果的に到達するものだと思います。まだ体の準備ができていないと思ったら、私のように引き返すのも適切な選択でしょう。そんなことも含めて、参考にしてください。

さて、現在の私は、完全な菜食主義者（ビーガン）で超少食です。肉も魚も卵も乳製品も普通に食べていた時代から、自分にとって快適な食べ方を次々に選んで、いまのスタイルになりました。

その最初の一歩は、30代のころ、肉類が苦手になったことでした。あるとき、ウシが食肉処理される前に、自分の運命を察して涙を流しているのを目にして以来、肉が食べられなくなったのです。

# 第1章
＊
# 食べない

40代になると、今度は海釣りに行ったとき、釣り上げた魚が甲板の上で跳《は》ねているのを見て、魚の苦しみがわかりました。

それと前後して、沖縄でスキューバダイビングを始めたことも理由になりました。海中にいると、魚がこちらの目を見ながら近づいて来てじゃれるので、「魚はイヌと同じように親しみ深い生き物なのだ」とわかりました。それ以来、魚をはじめとする魚介類を食べなくなりました。

それから間もなく、たまたま近くの養鶏場に見学に行ったところ、ニワトリが身動きできないほど狭いケージに入れられているのを見て、鶏肉と卵も食べられなくなりました。身動きできずに、苦しみ抜いて一生を過ごしたニワトリの肉や卵には、怒りと哀しみのエネルギーがこもっていると感じたからです。

いわゆる平飼い、つまり、屋外で自由に活動しながら飼われているニワトリの卵であれば、そんなことはないかもしれませんが、気づいたときには、もう卵自体を受け付けなくなっていました。

乳製品、とくにヨーグルトは、最後まで残りました。しかし、それもここ10年くらいで自然に食べたくなくなり、完全な菜食主義者になりました。

どれもきっかけは、食べ物になる生き物の苦しみに思い至ったことでしたが、一つひとつ食べるのをやめていくと、確実に体が快適になりました。

いま思うと、体の準備ができたときに、やめるきっかけになる出来事に出合うようになっていたのかもしれません。

いろいろな理由で自分が食べなくなっても、それは私の問題であって、人がおいしく肉や魚を食べていることに、否定的な思いを持つことは一切ありません。いまでもそうですが、友達や知り合いとレストランで楽しく会食もします。

肉や魚が出されたら、たのめば誰かが食べてくれるので、ありがたいものです。うまくやりくりしながら、食べ物をムダにはしないで会食しています。

第1章
＊
食べない

## 肉や魚や卵をやめたらおなかをこわさなくなった

思い返すと、動物性食品を普通にとっていた時代から、自分の体に合わないことを示すような出来事がいくつかありました。

たとえば、新鮮なカキ（牡蠣）を家族や友人といっしょに味わったあと、私だけが猛烈におなかをこわして、一晩中苦しむというような経験を何度かしました。私以外の人は平気なので、そのカキが傷んでいるわけではないのです。

ほかにも、肉や魚介類を食べたあとは、なんとなく体調がすぐれないということがよくありました。もうずいぶん昔から、体質的に合っていなかったのでしょう。

肉や魚や卵や乳製品を食べなくなったら、とても気持ちよくなりました。それ以来、おなかをこわしたり、気分が悪くなったりということはほとんどありません。

食べる量も、あまり多くないほうがらくなので、しだいにへっていきました。20

05年当時には、ほぼ一日1食、それも1食の量が普通の人の半分くらいになっていたと思います。

そんなときに、私は前述したジャスムヒーンさんの著書『リヴィング・オン・ライト』を読みました。そこには、その時点で数年間、食物をとらずに生きているというジャスムヒーンさんの体験とともに、ヨガの聖者であるパラマハンサ・ヨガナンダの著書『あるヨギの自叙伝』(森北出版)に書かれている不食の人のエピソードが紹介されていました。五十数年間、不食を続けたヨガの女性行者、ギリバラの話や、39年間、一日に聖餅《せいべい》(教会で儀式として食される薄く小さいパン)一つ以外は口にしなかったドイツの女性、テレーゼ・ノイマンの話です。

当時、私はヨガをやっており、ヨガナンダを尊敬していて、その教えを伝える「SRF(Self- Realization Fellowship)」という組織のメンバーにもなっていました。そんなこともあって、ジャスムヒーンさんの本を熱心に読み、「伝説ではなく現代にも、食べないで生きている人がいるのだ」と感動し、「私もそうなりたい」と思ったのです。

# 第1章 ＊ 食べない

そこで、自分も食べるのをやめて、水を飲むだけで過ごしてみました。食事をする代わりに瞑想《めいそう》をしたり、読書をしたりしていると、とくに食べたいという気持ちにさいなまれることもなく、ただ自分の体が軽く、快適になっていくのがわかりました。

「不食になると、食事に費《つい》やしていた時間がポッカリあくので、ヒマを持て余す」とも聞きますが、私の場合はそんなことはなく、かえって時間ができてありがたいと感じました。

当時、自宅で瞑想会を開いていたので、いろいろな人が瞑想をしにやって来ました。とくに親しい何人かに、食べていないことを雑談まじりに話すと、なかには心配してトマトなどを届けてくれる人も出てきました。

トントンとドアをノックする音が聞こえて、玄関に出ると誰もいません。ふと見ると、ドアノブにトマトや果物の入った袋が下がっている、という具合でした。

「心配をかけて申し訳ないな」「私は元気で幸せなのだけれど」と思いながら、トマトや果物が届いたときにはありがたくいただくようにしました。

そんなふうに、基本的には水だけで、ときどき届くトマトなどだけは食べながら過ごしました。食べないからと、家に閉じこもっていたわけではなく、もちろん、大学で講義をしたり、旅に出たりと、ふだんと変わらず活動的に過ごしました。

ただ、その年の4月半ばから不食を始め、9月まで続けたところで、先に述べたように学生からやせていることを指摘されました。自分でも、快適ではありますが、やや体力が落ちてきたように感じていたところでした。それで、不食生活をひとまずやめたのです。一日1食の玄米菜食《げんまいさいしょく》に戻すと、間もなく体重は戻り、体力も復活しました。その食事を続けて、いまに至っています。

## 不食が結んだ秋山弁護士との縁

それにしても、いま、「不食」というテーマがこれほど堂々と語られ、多くの人の関心を集めていることに驚きを感じます。

# 第1章
＊
# 食べない

私は2005年に不食生活を送り、やせていることを指摘されたとき、「やせた理由は病気ではなく、この5ヵ月間食べていないから」とは、とても人にはいえませんでした。「食べないでも生きられる」などというのは、周囲の人たちにとって信じられないことだろうと思ったので、「ちょっと頭のおかしい人」と思われることを恐れたからです。

しかし、ジャスムヒーンさんによると、その当時は世界で1万人程度だった不食の実践者が（すでにそんなにいるのかと驚きましたが）、いまでは10万人以上になっているそうです。不食に関する本も多くの人に読まれ、不食について口にしやすい時代になってきたことを感じます。

ところで、当時、不食のことを大っぴらにはいえなかった私も、親しい少数の人だけには話していました。その一人が、琉球大学法科大学院の民法演習という授業で、私のところによく質問に来ていたT君という大学院生でした。彼は、私が自宅で行っていた瞑想会に参加したことがあるかもしれません。

偶然にもT君は、卒業後、司法修習生として前出の秋山弁護士の指導を受けることになったらしいのです。そのとき、秋山さんが不食を続けていることを知ったT君が、雑談の中で私のことを秋山さんに伝えたようです。

私は私で、不食を続けている弁護士がいるということを人づてに聞き、いつかお目にかかりたいものだと思っていました。

すると、2011年、思いもよらないところで秋山さんと出会いました。厳密には「すれ違った」だけなのですが、その場所はなんとアマゾンでした。目的地に向かうカヌーに乗っていると、カヌーにいっしょに乗っていた人が、突然、「あっ、秋山さんがいる」といったのです。あわてて振り返って、すれ違ったカヌーを見ると、小柄な秋山さんは大柄な人の影に隠れていて見えませんでした。

目的地に到着すると、「秋山さんたちはさっきまでいましたが、出て行かれました」といわれ、「あら、やっぱりそうだったのね。会いたかったのに。でもまあ、いずれ会えるでしょう」と話しました。

帰国して間もなく、秋山さんの事務所を訪れる機会が到来しました。私はそこでホメオパシー（病気に近い症状が現れるものを投与して自然治癒力《しぜんちゆりょく》を高める療法）という医療について教えられ、副作用の心配のない自然の理にかなった医療であることを知り、それを学ぼうと思い立ちました。

私は現在、「ホメオパス」と呼ばれるホメオパシーの医師の資格を取得するため、通信教育（Eラーニング）で勉強中で、３年生です。秋山さんは、すでにその資格を取得しておられ、この道では私の先輩です。

ようやく会えた秋山さんとは、法曹界《ほうそうかい》の人間同士ということもあって意気投合し、その後もホメオパシー関係のドイツ旅行でごいっしょするなど、親しくしています。

ついでにいうと、前出の森美智代さんとも、座禅断食《ざぜんだんじき》の指導者講習会でたまたまお目にかかりました。青汁だけしかとっておられないのにふくよかで、驚きました。私も食べなくてもふくよかになる体をめざしたい、と思ったものです。

２０１２年には、秋山さんとともに、来日したジャスムヒーンさんのセミナーに参加しました。すると、彼女が私の前につかつかと来て、「あなたは100%、プラーナで生きられます。食べなくてもいいです」といったのです。

プラーナとは、大気中をはじめ、あらゆる場所に存在する宇宙エネルギーのことで、東洋医学で「気《き》」と呼ばれるものと同じのようです。あとで改めてふれますが、基本的に不食の人は、プラーナを直接的にエネルギー源にしていると考えられます。超少食の人は、エネルギー源の一部は食物を介して、そのほかは直接的にプラーナをとり込んでいることになります。

私は、やせて不食を中断した経緯があるのに、自分が100%プラーナで生きられるといわれたので、いずれは不食を実行できるだろうと、意を強くしました。

## 玄米ごはんほどおいしいものはほかにない

現在の私の食事は、少量の玄米、野菜、海藻、果物などです。

# 第1章
＊
# 食べない

朝はお茶と少量の果物をとります。お茶といっても、緑茶を飲むと眠れなくなるので、ルイボスティーや三年番茶、いろいろなハーブティーを飲んでいます。果物は、カキ、ナシ、リンゴ、スイカ、メロンなど、その季節にとれる国産のものを食べます。

昼は、玄米ごはんを軽く1膳程度と、野菜や海藻です。

先に述べたように、食べるもの、食べられるものが次々にへってきた私ですが、それでも「食べる楽しみ」を失ったとはまったく思っていません。なぜなら、玄米ごはんや野菜や海藻が、とてもおいしいと感じるからです。

いまの私にとって、少し軟らかめに炊《た》いた玄米ごはんほどおいしいものは、ほかにありません。梅干しを入れた小さなおにぎりにしてもおいしく、ホクホクして食べています。少なく炊いても1食では食べきれないので、残りは翌日や翌々日に玄米がゆにして食べます。

ただし、よく滞在するインドでは、無農薬玄米（というより玄米そのもの）が入手困難なので、代わりに無農薬の全粒粉《ぜんりゅうふん》で作ったチャパティ（発酵《はっこう》させずに焼く薄いパン）を主食にしています。

野菜は、ホウレンソウやハンダマ（スイゼンジナ）、ツルムラサキ、モロヘイヤ、ニガナ、野草などをサッとゆでて、しょうゆや塩をかけて食べます。ダイコンやカボチャやネギを煮て食べることもあります。

海藻は、ワカメやヒジキを煮たり、とりたてのモズクに酢をかけたり、アオサを佃煮にしたりして食べます。こういった野菜や海藻料理がまた、えもいわれぬおいしさです。ほかに、自然な方法で作った梅干しを、玄米ごはんといっしょに食べることもあります。

ときどき、おつきあいで会食することもあり、そんなときは植物性食品に限って少量をとっています。動物性食品はまったくとりません。だしもカツオブシは使わず、コンブか、あればコンブに干しシイタケの粉などを加えてとったものを食べます。

なお、お茶と玄米は無農薬のもの、ほかの食品はできるだけ無農薬か減農薬のものにしています。とくにお茶は、農薬を使ったものだと、農薬をお湯で煎《せん》じ出すようなことになってしまいます。また、玄米は、白米では除く糠《ぬか》（外皮《がいひ》や胚芽《はいが》）ごと食べるわけですが、農薬は糠にたまるので、農薬を使ったものだと、やはり弊害が大きくなります。そこで、この二つは確実に無農薬のものを選んでいます。

ついでにいえば、大豆や大豆製品は、選ぶときに注意が必要な食品です。米国のモンサント社が、遺伝子組み換えによって次世代の種をとれないようにしたＦ１種の大豆を開発し、それが世界中を席巻《せっけん》しているからです。モンサント社は、ほかにも、遺伝子組み換えによる除草剤耐性植物など、不自然きわまりない植物を世界中に輸出しています。果物や野菜も同様ですが、とりわけ大豆は、加工されることも多いので、こうした不自然な種を口に入れる危険性が高くなります。

食べるなら、「素性」のハッキリした自然な農法の大豆やその加工品を選びたいものです。いまや、単に食品名だけでは食べ物の是非を語れない時代になりました。

# 西洋医学をさけ食事とホメオパシーで健康を保つ

いまの食事の基本形ができてから約20年、最後まで残ったヨーグルトをやめてから10年ほどになりますが、この間、私はカゼ以外の病気にかかっていません。当然、薬を飲んだり、病院に行ったりしたこともまったくといってよいほどありません。

70歳代になったら、多くの人は、老化による体の衰《おとろ》えを感じて不安や恐怖を抱くでしょう。しかし、私にはそういう不安や恐怖はありません。病院に行くと、化学薬品や放射線によって逆に体が悪くなるような感じがするので、行く気にならないのです。

現代医学は、すべてとはいいませんが、多くの場合、体を根本的に治す方向ではなく、逆の方向、つまり、免疫力《めんえきりょく》や自然治癒力を落とす方向の治療を行っているような気がします。私がホメオパシーを勉強しているのも、そういう思いが根底にあってのことです。

ホメオパシーは、日本では、いっとき新聞でのネガティブキャンペーンが行われたこともあって、「怪《あや》しいもの」「うさんくさいもの」と見られがちですが、体を痛めずに治す、すぐれた医療です。イギリスの王室で行われる医療はホメオパシーが中心で、王立ホメオパシー病院や王立ホメオパシー大学もあります。

インドには、西洋医学、ホメオパシー医学、アーユルヴェーダ医学（インドの伝統医学）の三大医療がありますが、医師の数はいずれも同じで数十万人ずつです。大学の数もほぼ同じで、資格は三つとも同等の国家資格です。

インドで、貧困層の人たちが最も多く受ける医療はホメオパシーです。なぜなら、薬代がほとんどかからないからです。だからといって、ホメオパシーが劣っているわけではなく、それどころか多くの症状に早く強い効果を示します。

ホメオパシーの原理をごく簡単に説明すると、たとえば熱が出たら熱を上げる成分を、鼻水が出たら鼻水を出す成分を与えます。動植物や鉱物などから抽《ちゆう》出《しゆつ》し、水やアルコールで徹底的に希《き》釈《しやく》した成分です。それをレメディーと呼ばれる小さな砂糖玉にしみ込ませたり、アルコールの液体に入れたりして患者さんに飲ませます。

用いる成分には、トリカブトやヒ素、水銀のような猛毒・劇物もありますが、徹底的な希釈によって、物質の分子はもちろん、原子さえ残っていませんから、体に害になることはありません。

顕微鏡で見ても、砂糖の成分以外は何も見えません。では、そこには何があるかというと、もとの物質の波動《はどう》（素粒子《そりゅうし》）だけが残っています。脳のすばらしさは、波動を瞬間的に感知できることです。そして、「熱を上げるものが入ってきた、熱を下げろ！」「鼻水を出すものが入ってきた、鼻水を止めろ！」と、体の全システムに指令を出します。

ホメオパシーは、すべてこのメカニズムを使っているので、いまある症状と同様の症状を引き起こす物質（の波動）を用いるという意味で、「同種療法」と呼ばれます（「ホメオ」は似たもの、パシーは「病気」という意味）。これに対し、西洋医学は、熱が出たら熱を下げる薬を使うので、異種療法と呼ばれます。

このしくみにより、症状や体質に合わせて処方されたレメディーは、即座に効果を発揮します。口に入れたら間もなく熱が下がり、鼻水が止まるのです。

顕微鏡でも見えない波動というものに、そんな力のあることを、見えるものしか信じられない人が受け入れるのはむずかしいかもしれません。しかし、私たちの目や現在の技術で見えないものでも、確かに存在して力を持つものはあるのです。

プラーナもそうです。「見えないものは存在しない」と思えば、不食で生きられる人がいることは、摩訶不思議としか思えないでしょう。しかし、後述しますが、「人は食べないと生きていけない」という常識の呪縛《じゅばく》さえ解ければ、不食という現象も生体のメカニズムに沿って解釈できます。

ホメオパシーも不食も、目に見えないもの、そして生体の能力を、どこまで信じられるかで、その受け取り方が大きく違ってくるでしょう。

私自身は、体に負担をかけない食事とホメオパシーで健康を保っていきたいと思っています。

## ウシを養う穀物で10倍の人が養える

先に、自分の感性と嗜好《しこう》の結果として、私が玄米菜食にたどり着いた経過をお話ししましたが、玄米菜食にはこうした個人的な事情とは別に社会的な意味もあります。

2014年に僧侶としてインドに滞在する前、私は滞在していた南フランスの「プラム・ヴィレッジ」という僧院で、そのことを深く考える機会を得ました。

プラム・ヴィレッジは、ベトナムの高僧、ティク・ナット・ハンさんが建てた僧院で、名前のとおりプラムの木がたくさん植えられている美しい僧院です。

ティク・ナット・ハンさんは、ベトナム戦争のときに、非暴力と反戦を訴え続けたために、南北どちらの政権からも弾圧され、ベトナム在住を認められず、フランスに亡命しました。その後もベトナムの戦争終結と平和を訴え続け、パリ協定（ベトナム和平協定）には、仏教徒の代表として出席しました。

平和活動を行う仏教指導者として、ダライ・ラマ14世と並び称され、日本語に訳されたさまざまな著作もあるので、ご存じの人も多いでしょう。

プラム・ヴィレッジには、世界各地から約200人の僧侶や尼僧《にそう》が集まって暮らしています。インドのお寺に住む前の準備期間の3ヵ月間、私はそこで修行をしました。週に4日はティク・ナット・ハンさんの講話を聞き、毎日瞑想をして、とても価値のある3ヵ月間を過ごすことができました。

講話のなかでは、食にかかわる話も出ました。玄米菜食、とくに菜食について、ティク・ナット・ハンさんは、このように語っていました。

「ウシを飼うには、森林の木を伐採して牧場にすることで環境を破壊したうえに、多くの穀物をウシに食べさせなければならない。大量の穀物をウシが食べて、その肉を限られた人たちが食べている。その穀物を人が直接食べたなら、はるかに多くの人が養え、餓死する人がへる」と。

さらに「アルコールにも同じことがいえる。さまざまなお酒を作るために、麦などの穀物が大量に使われている。それらを貧乏な人が食べれば餓死しなくてすむ。仮に、いま消費している肉やアルコールの摂取量《せっしゅりょう》を半分にすれば、地球上で餓死する人はいなくなる」とも語りました。

これは、菜食のもう一つの視点として重要です。牛肉1キロをとるために必要な穀物の量は8~10キロ、場合によってはそれ以上になります。ウシを育てるための穀物で、およそ10倍の人が養えるのです。

多くの人は「だからといって、いま私が肉やお酒をやめても、世界の飢えている人たちを救えるわけでもないし……」と思うでしょう。しかし、自分の食卓に並んでいるものが世界とどのようにつながっているかに思いをはせることには、大きな意味があります。

ティク・ナット・ハンさんは、「人々は肉やお酒をやめるべきだ」とはいいませんでした。「いま消費している肉やアルコールの摂取量を半分にすれば、地球上で餓死する人はいなくなる」といいました。やめることまでできなくても、もともと

「ちょっと多すぎるかな」と思っていた分をへらすことならできるでしょう。それが、その人自身の健康を保つことにもつながるのです。

プラム・ヴィレッジでの食事は、朝はオートミールや黒パンと果物、昼と夜は農薬などを使わない自然な農法で作った玄米と野菜です。

そのおいしい食事をいただきながら、食についても改めて考えるときを過ごしました。

## 不食のメカニズム①「腸内細菌」

超少食や不食に興味を持ち始めたときから、私は関連の本を読んだり、事例を調べたりして勉強してきました。その結果、私なりにたどり着いた超少食や不食のメカニズムについて、以下に述べてみます。

いまの私の基本的な食事内容は、現代栄養学における摂取エネルギーでいうと、一日200キロカロリー前後、多くても300キロカロリー程度です。

　安静にしていても、体内活動に消費するエネルギー量を「基礎代謝量《きそたいしやりよう》」といいます。成人女性の基礎代謝量は、一日約1200キロカロリーとされています。現代栄養学は、最低限、このエネルギーを食物で摂取しなければ、体と健康を維持できないと説きます。不足分のエネルギーは、筋肉やそのほかの組織を分解して得るため、基礎代謝量以下の食事を続けていると、やせ衰えていくと。

　エネルギーの問題だけでなく、現代栄養学では、筋肉を強くするにはたんぱく質、骨を強くするにはカルシウムなど、主要な材料となるものをとらなければならないといいます。

　その論理でいえば、私のような食事を30年も続けていると、とっくにやせ衰えて死んでいるはずです。しかし、私は、先に述べたとおり、むしろいまの食事にしてからのほうが元気で、ほとんど病気をしていません。

　小柄ではありますが、全身にしっかり筋肉がついており、骨は、おそらく同世代の

第1章
＊
# 食べない

女性のなかでは、かなり骨量が多くて丈夫なほうでしょう。この体で、富士山よりはるかに高いインドやネパールの山々に登ってきました。そして、72歳のいまも登れます。

現代栄養学だけが正しいと思い込んでいると、この現象を論理的に説明することはできません。私のような完全菜食の超少食や、ましてや森美智代さんのように青汁だけで生きていることは、摩訶不思議で非論理的な現象ということになってしまいます。

しかし、それが非論理的なことだとすると、草だけを食べて生きている草食動物はどうなるのでしょう。

草や木の葉、枝、根、果物といった植物だけで、あの巨体と牙を維持しているゾウは？ほぼ草だけで、あの隆々とした筋肉を維持し、カルシウムの豊富な乳を作り出すウシは？

現代的な酪農で飼われているウシは、効率のよい飼料として穀物などを与えられます（さらに、狂牛病で問題となった肉骨粉《にくこっぷん》という不自然きわまりないエサもありました）が、自然の中で放牧されているウシは草しか食べません。私はモンゴルで日がな一日、ウシの様子を見ていたことがありますが、みごとなほど草しか食べていませんでした。

ゾウやウシが、植物しか食べないのに、強固な筋肉や骨、牙を保持していられるのはなぜでしょうか。

そのカギは「腸内細菌」です。

ゾウやウシといった草食動物の腸内には、おびただしい数と種類のバクテリア（腸内細菌）がいます。もちろん、バクテリアは人間の腸にもいますが、雑食である人間と草食動物とでは、その数と構成が違います。草食動物の腸には、植物からとり込んだ成分を、筋肉や骨や牙の材料に変えていくバクテリアが多数存在するのです。

草食動物は、元素の中核となる量子の数を変換するメカニズムを持っているようです。これを「原子転換（生体内原子転換）」といいます。

直接的かつ短絡的に、「カルシウムをとったから体内でカルシウムがふえて骨が強くなる」「たんぱく質をとったから筋肉がふえる」というものではなく、草食動物はバクテリアの助けを借りて原子転換するメカニズムが発達しているわけです。
ウシ、ヤギ、ヒツジなどは、四つの胃を持ち、食べたものを反芻《はんすう》しますが、これもバクテリアをふやして原子転換を促《うなが》すためでしょう。人間の体にも、その力は備《そな》わっています。その働きを強く要求されない食生活、発揮しにくい環境にあるので、草食動物のようにはなっていないだけで、ポテンシャル（潜在能力）としてはじゅうぶん持っているのです。そうでなければ、完全菜食で強い筋肉や骨がつくれることの説明がつきません。

　実際に、青汁だけですでに18年以上を過ごしている森さんの腸を検査したところ、腸内バクテリアはウシのような構成だったそうです。一朝《いっちょう》一夕《いっせき》にそうなったわけではなく、長年の少食生活から青汁生活に至る経過で、そのように変わっていったのでしょう。

## 化学物質は腸内バクテリアにダメージを与える

腸内バクテリアがそのような作用をすることは、単に体に必要な成分を作るだけではなく、体内の浄化にもつながっています。

そもそも地球を浄化しているのはバクテリアです。木の葉が落ちると、腐ったあと、バクテリアが分解して土にします。動物の死骸があると、しばらくの間はくさかったり汚かったりしますが、やがてはバクテリアが分解して土と同化させ、きれいな骨だけになります。

このような浄化作用ができる腸内環境をつくることが、超少食や不食の第一歩です。それには、できるだけ化学物質を体に入れないことが重要なポイントになります。

化学的な食品添加物はもちろんのこと、農薬や化学肥料などを含むものもできるだけさけ、自然な方法で作った植物性食品をとっていると、腸内バクテリアがふえて元気になるのがわかります。おなかの調子がよく、便通もスムーズになるからです。

ただし、食物のほかにも注意点があります。

先ほど、プラム・ヴィレッジでの修行中、自然な農法で作った食品をとっていた話をしました。とてもよい食品ばかりだったのですが、しばらくすると、私の腸はおかしくなってきました。自分の腸内バクテリアがへり、元気を失っているのがわかりました。

「自然なものばかりとっているのに、なぜこんなことになるのだろう」と考えて、気づきました。そこでは、食器を洗うとき、洗剤を薄めた水につけ、そのあと真水で洗っていました。しかし、その水は流水ではなく、ためた水だったので、微量とはいえ洗剤の成分が残っていたようです。

そこで、食器を洗剤水で洗わずに、自分の部屋に戻ってから、きれいな水で洗って布でよくふき取るようにしたところ、間もなく私の腸内バクテリアは復活して調子がよくなりました。

昔、カキを食べて私だけがおなかをこわしたのと同じように、私はとくに敏感《びんかん》なのかもしれませんが、少しの化学物質でも、腸内バクテリアがいかにダメージを受けるかがよくわかりました。

さて、完全菜食の超少食でも、しっかりした筋肉や骨ができる一つのメカニズムとして「腸内細菌」をあげましたが、ここで一つの疑問がわきます。

ゾウやウシは、体が大きいこともありますが、大量の植物を食べます。植物の成分から原子転換しなければならないので、体の大きさ以上に多くの植物をとる必要があります。

私たちが草食動物と同じようなシステムを手に入れたとすれば、その分、やはり多く食べなければならないように思えます。しかし、実際には、私は超少食であり、森さんは一日青汁1杯だけで生きています。それどころか、秋山さんやジャスムヒーンさんは、食物といえるものをほとんどとっていないのです。

腸内細菌がいかにがんばって働こうとも、原子転換をする材料がなければ、体の組織をつくることはできないでしょう。これについては、どんな説明ができるでしょうか。

私は、その答えは「プラーナと空気」だと考えています。

## 不食のメカニズム②「プラーナ」

プラーナについては、ここまでにも何度かふれてきました。プラーナとは、もともとはサンスクリット語で「呼吸」「息吹《いぶき》」などを意味し、ヨガやインド哲学で使われてきた言葉です。いまでは、宇宙のあらゆるところに存在するエネルギーを指し、「宇宙エネルギー」「生命エネルギー」「気」などと呼ばれることもあります（「気」とプラーナは厳密には同一ではないという意見もありますが、ここでは同じものと扱うことにします）。

大気中、水中、土中、生体内、真空の宇宙空間にさえも、プラーナは豊富に存在すると考えられています。

プラーナについて、むずかしく語ればどこまでもむずかしくなりますが、「宇宙のあらゆる場所にあるエネルギーで、命あるものすべてがそれによって生かされている」と理解しておけばよいと思います。

「プラーナという宇宙エネルギーで生きている」というと、特別なことのようですが、すべての生物がプラーナをとり込んで生きています。個体によってとり込む量や割合の差、どのくらい直接的で、どのくらい間接的かという違いがあるだけです。

光と水と空気（二酸化炭素）から、光合成というしくみでエネルギーを得られる植物は、宇宙エネルギーを直接的にとり込んでいます。植物は土に根をはって養分を吸い上げもしますが、それがなくても光合成でエネルギーをつくれます。

プラーナは「太陽エネルギー」「光のエネルギー」と呼ばれることもあります。太陽光にはとくにプラーナが多く含まれ、体にとり入れたプラーナを活性化するのにも太陽光が重要な役割を果たすからです。私も不食の期間には、とくに心がけて太陽光を浴びるようにしていました。その太陽光のプラーナを直接的にとり込んで生きているのが、植物という存在なのです。

プラーナをとり込んだ植物を草食動物が食べ、草食動物を肉食動物が食べるという連鎖によって、動物は間接的にプラーナを得ています。

人間も、植物や動物を食べ、間接的にプラーナを得てきました。人間を含む動物も、いくらかは直接的にプラーナを受け取っていますが、それを生体のエネルギーにする能力は植物よりはるかに低いのです。

不食の人の登場は、それを直接的に受け取って使える人が現れてきたということだと、私は解釈しています。

秋山さんやジャスムヒーンさん、おそらくは森さんも、まるで植物のように宇宙エネルギーを直接的に受け取って、生きるエネルギーを得ていると考えられます。

# 瞑想中に虹色の光のプラーナが降りそそいだ

プラーナについては、私たちの意識レベルや測定・解析法《かいせきほう》が進んでいないので、一般には見たり測ったりすることはできません。しかし、ときどき見えるという人もいますし、何かの形で視覚化することもあります。

「はじめに」でふれましたが、東日本大震災後に行った私の瞑想中に、天から降りそそぐ虹色の光が現れたことがあります。私自身はわかりませんでしたが、たまたま瞑想中の様子をモニターで映し出していたところ、突如、そこに肉眼では見えていない光が現れたのです。

あとで映像を見ると、私の祈りの言葉に呼応するように光が変化していました。「肉親を失った人たちに励《はげ》ましと愛のエネルギーを送ります」という言葉を発したときに光が現れ始め、「自分の親や配偶者や子供やきょうだいを失って失意のどん底にある人たちに、天のエネルギーが降りそそがれますようにというと、光は非常に強く大きくなり、「家や持ち物をなくした人へのなぐさめと援助」という部分では、光がスーッと小さく弱くなりました。

私は、物質的な願いに対して「そんなことにとらわれるな」と天からいわれたような気がしました。

おそらく、この光もプラーナの一つの形なのでしょう。このときは偶然、モニターに映ったのですが、私が各所で瞑想をしているときにも、そういうエネルギーがたくさん降りてきていると考えられます。不食で生きている人たちは、そのエネルギーをとり込んでいるということなのでしょう。

ちなみに、ジャスムヒーンさんはご著書の中で、プラーナの摂取率を高めて快適に過ごすポイントとして、以下の八つをあげています。

❶毎日の瞑想
❷祈り

❸プログラミング（自分の意識を書き換える）
❹軽いベジタリアンの食事
❺エクササイズ
❻奉仕
❼自然の中の黙想
❽マントラ（真言《しんごん》と呼ばれる呪文のような言葉）、チャンティング（詠唱《えいしょう》）、賛歌の実践

（『リヴィング・オン・ライト』より。ただしカッコ内は著者が加筆）

八つの冒頭に、瞑想と祈りがあげられています。瞑想と祈りのさなかに光が現れた出来事は、確かにその二つがプラーナをとり入れやすくすることを示しているように思えます（瞑想のやり方の例は１７６ページを参照）。

## 不食のメカニズム③「空気」

不食者のことを、別の呼び方では「ブレサリアン」ともいいます。ブレス、つまり呼吸で生きている人という意味です。

プラーナが存在するのは大気中だけではありませんが、地上にいる人にとっては、大気に含まれたプラーナを呼吸とともにとり込むのが、主要なプラーナの摂取法です。ブレサリアンとは、もう少しくわしくいうなら「食事をとらず、代わりに呼吸によってプラーナをとり込んで生きている人」を指します。

このとき、プラーナとともに「空気」をとり込んでいることも、不食のメカニズムとして重要です。

もちろん、普通に食事をする人にとっても呼吸は不可欠ですが、その主な目的は酸素をとり込むことです。栄養素を体内で燃焼させてエネルギーを得るのに、酸素が必要だからです。私たちがふだん、物を燃やすときに酸素が必要なのと同じです。

空気中に含まれる酸素は約2割で、残りの大部分は窒素《ちっそ》です。空気の組成は、厳密には条件によって異なりますが、およそ78%が窒素、21%が酸素、そのほか、アルゴン、二酸化炭素、ネオン、ヘリウム、クリプトンなど、さまざまな元素が少量ずつ含まれています。

普通に食事をする人にとって、重要なのは約2割の酸素で、約8割を占める窒素はほとんど使っていません。しかし、不食者の場合、おそらく呼吸の意義はかなり違っていて、空気に含まれる窒素とそのほかの元素も、栄養源として使っていると考えられます。

私たちの体の筋肉、臓器、血液中の細胞成分など、主要な組織はすべてたんぱく質でできています。骨も、カルシウムとともにたんぱく質がしっかり含まれてこそ丈夫になります。

そして、窒素はたんぱく質の主要な成分です。菜食すらしない不食者は、空気中の窒素を活用してたんぱく質を得ていると推測されます。

このように考えて空気の組成を見たとき、「さすが」となりたくなるのが、およそ8割という大部分を、たんぱく質の重要な成分である窒素が占めていることです。空気のこの組成が「不食という生き方は地上の生き物がめざすべき天の意志だ」と語っているようにも思えます。

さらに、秋山さんのように水分もとらない不食者は、空気中の水分も活用しているのでしょう。空気中には条件によって大きく異なりますが、0・1～2・0％程度の水分が含まれています。

以上に述べたように、不食者の生命活動は、腸内細菌の作用、それが大きくかかわって起こる原子転換、プラーナのとり込みと活性化、空気成分の活用などの組み合わせで支えられていると考えられます。

## 食べない人ほど眠らなくてすむ

不食に関して興味深いのは、睡眠との関係です。睡眠の意義としては、脳の休息や記憶の定着など、さまざまなことがいわれますが、実際には「食べ物の消化のために寝なければならない」という面が大きいようです。

したがって、原則的に、たくさん食べる人やたくさん食べた日ほど、健康を維持するには睡眠が必要になります。逆にいうと、食べなければ食べないほど、寝る時間は少なくてすむのです。

秋山さんも森さんも、ごく短時間の睡眠でよいそうですし、おそらく前出の山田鷹夫さんも不食の期間は同じでしょう。ジャスムヒーンさんは、ほとんど睡眠は必要なく、せいぜい1時間くらいうつらうつらする程度だと、講演会で語っておられました。

そうなったときの最大の問題は、「時間の使い方」だといわれています。一日に3回、食事を作って食べ、あとかたづけをする、あるいは外食にしても、どこかに出かけて行って食べるとなると、合計で数時間から8時間程度を費《つい》やすことになります。それに睡眠時間を加えると十数時間になりますが、不食によってその時間がポッカリあくのです。

この時間を、つぶすのに苦労するか、自由に使えてありがたいと思うかは、不食へのモチベーション（動機づけ）を左右する一つの要素でしょう。

私自身は、思いがけず72歳にして遠い外国と日本を行き来することになったので、覚えなければならないことも山ほどあります。食事と睡眠の時間を修行や勉強に使えたなら、そんなにありがたいことはないという気持ちです。

不食に興味がある人は、もし食べなくなったら、その時間をどう過ごすか、イメージしてみるのもよいかもしれません。

## 不食で飢餓をなくせるか

不食について、よく呈される疑問の一つが、「食べずに生きていけるのなら、アフリカなどで餓死する人はいなくなる。なぜ、その知識を広めて餓死を食い止めないのか」というものです。

不食を、単に「食べなくても生きられる現象」ととらえると、当然、この疑問がわいてきます。しかし、秋山さんがご著書の中で述べているように、不食の重要な要素は「食べないほうが、心と体にとってどれだけらくで、どれだけ多くの幸福をもたらすかを知ること」です。

そうなるには、心身が満たされていて心地よく、自由であるという前提が必要です。不食に至る人は、食べ物以外で心身が満たされるという前提があって、結果的に自然に食べなくても生きていける心身のシステムができていくのです。

# 第1章
＊
# 食べない

その前提がないなか、飢餓で苦しむ人たちに不食を広めるのが困難であることは、たやすく想像できるでしょう。

ただし、これは現状をもとにした論理であって、将来的に「人は条件さえ整えば食べ物をとらなくても生きていける」ということが普通に語られ、信じられるようになったときには、本当に飢餓の根本的な解決につながるのかもしれません。

一方、餓死が存在するのは、「ものを食べないと死んでしまう」という思い込みや恐怖が、食べない人を死に至らしめるからだ、という意見もあります。

私たちは物心ついたころから、「食べないと体が弱って病気になり、やがては死ぬ」ということをくり返し刷り込まれ、「食べなくても生きていけるかもしれない」などとは、普通は微塵《みじん》も考えません。確かにそれは、食べないこと自体より、食べない恐怖のほうが体を蝕《むしば》むと、じゅうぶんに思えるほど強力な刷り込みです。

しかし、仮にそうだとすると、まだ思い込みや不食への恐怖がないはずの赤ちゃんも、食べない（ミルクや母乳を飲まない）でいると餓死を免《まぬが》れないのはなぜでしょうか。

仮説ですが、先に述べたような腸内細菌の働きや原子転換、呼吸のシステムやプラーナのとり込みなど、不食のメカニズムが、乳児はまだ未熟とも考えられます。その期間は、どうしてもミルクや母乳が必要なのかもしれません。

もしも、物心ついたときに、ほんの少し食べさせるようにして、「しっかり呼吸してね」「食べなくて大丈夫よ」「お日さまに当たってね」と自然にいい聞かせていたら、「ああ、食べなくていいのだな」とわかり、不食になれる人は格段にふえるかもしれません。いずれにしても、不食の道を歩むには、自分の意識の高まりが不可欠と思われます。

もう一つ、不食が簡単には広まらないことの意味を示唆《しさ》する記述が、『あるヨギの自叙伝』の中にあります。

ヨガナンダが不食を続けるギリバラに、「世のほかの人々にも、食べずに生きられる方法を教えてあげたらいかがですか?」とたずねる場面です。

ギリバラは即座に首を振り、こう答えました。

# 第1章
＊
# 食べない

「創造に関する神様のご計画にむやみに干渉することは、先生のお望みにならないことでございます。もし私が、食べずに生きる方法を人々に教えたら、お百姓たちはさぞ私を恨むことでしょうし、おいしい果物も、地面に落ちてむだに腐るばかりです。不幸や、飢えや、病気は、私たちに人生の真の意義を探求させるための、カルマのむちではないでしょうか」

「では、あなただけが何も食べずに生きてゆけるよう選ばれたのは、何のためでしょうか？」と問われた彼女は「人間が霊であることを証明するためでございます」といいました。

「人間は、霊的に向上するにつれて、しだいに、食べ物ではなく〝永遠の光〟によって生きられるようになるということを証明するためでございます」と（引用部分は原文ママ）。

やがては誰もが歩み始める道だが、いまはまだそのときではないということでしょう。人間にとって、それが普通になるまでには、宇宙の時間でいえばほんのひととき、人間の時間でいえばまだまだ悠久《ゆうきゅう》のときが必要なのでしょう。

しかし、すでにその変化は始まっており、いまを生きる私たちが、人間にとって大いなる変化のときに立ち会っていることは間違いありません。そのことを楽しみながら、まずは自分にとって無理がなく、幸せな範囲で、少食や不食に取り組んでいけばよいのではないでしょうか。

## 呼吸さえしないで一定期間過ごせる人もいる

不食で生きられる人がいることは、多くの人にとって衝撃でしょう。

しかし、さらに呼吸さえしない状態で、一定期間生きられることを証明している人たちもいます。もともとヨギ（ヨガの行者《ぎょうじゃ》）は、修行を積むことによって、定められた日数、呼吸や心拍といった生体反応が消失する「サマディ（最高の瞑想状態）」に到達できるとされています。

# 第1章
＊
## 食べない

ヨガナンダの著書には、自分の先生であるスリ・ユクテスワに関する無呼吸の記述があります。少年のときに弟子入りしたヨガナンダが、先生の家に泊まったところ、夜中に先生の呼吸音が聞こえないので、死んでいるのかと驚き、確かめようとします。先生が笑いだし、「私は生きているよ」といったというエピソードです。

　そして、現代にも、サマディに到達して、一定期間、無呼吸で生きられるヨギが世界に少なくとも2人います。その1人は、北インドの王族出身で、マハヨギ（偉大なるヨギ）と呼ばれるパイロットババです。

　本来、サマディは公の場では行わないものですが、その状態が本当に存在することを示すために、公の場で行う「公開サマディ」が行われています。パイロットババは、これまでに百数十回の公開サマディを行い、数日から長いときは2週間程度、空気の遮断された水中、土中、雪中、密閉したガラス箱の中などで過ごしています。

　もう1人は、ヨグマタ（ヨガの母）と呼ばれる日本人女性の相川圭子《あいかわけいこ》さんです。女性として、外国人として、初めて真のサマディに到達したことで知られるヨグマタは、これまでに18回、アンダーグラウンドサマディと呼ばれる公開サマディを行っています。

アンダーグラウンドサマディとは、完全に密閉されてじゅうぶんな空気のない地下窟で、水・食物をとらず、地上との接触をいっさい遮断して3～4日間過ごすというものです。

先ほど、不食者は呼吸によっても栄養素をとり入れているという話をしました。その呼吸さえしなくても生きられる人がいるという事実は、さらなる驚異ですが、基本的な考え方は同じです。

プラーナは、土中でも水中でも、あらゆるところにあります。それをとり入れるメカニズムが発達したら、やがては呼吸さえせずに生きる状態もあり得るということです。

この過酷な修行もまた、ギリバラの説明と同じく、人はそれでも生きていける存在であることを知らせるためのものでしょう。

不食や無呼吸で生きるというのは、一般的には信じがたいことです。しかし、信じがたいから「あり得ない」、あるとしても「自分とはまったく違う存在」と受け取るのではなく、「人体はそういうポテンシャルを秘めている」と受け取ることで、見えてくるものがあるはずです。

私も不食を再開するかどうかという地点にいますが、完全に不食に到達している人たちや、一定期間、無呼吸で生きられる人たちを、自分とはまったく違う存在とは思いません。「少し先をいっている人たち」であり、「たまたま早くできた人たち」だと思っています。少食にしたいのになかなかできない人が、超少食を続けている私を見たときも同じでしょう。

宗教的な意味は別として、純粋な心の問題としては、超能力だと恐れ入って、誰かを拝んだり、拝まれたりする必要はないのです。宇宙には、いかなる形でも上下や優劣はないのですから。

## 少食・不食の道は誰にでも歩める

「不食の入り口としての超少食に興味はあるけれど、どのように進めていったらいいかわからない」という人のために、ちょっとした心の持ち方やコツを書いておきましょう。

一日200～300キロカロリーの食事というと、「とてもできない」と思う人もいるかもしれませんが、このレベルの少食は誰にでもできます。

ポイントは、「食べないほうが気持ちいい」ということをしっかり味わうことです。最初は、食べる量を少しへらしたり、半分にしてみたりするだけでかまいません。

おいしそうなものを見ると、私たちは「これを食べたらきっと気持ちがいい。体が喜ぶ」と思います。しかし、過去の経験を思い返してみると、「おいしい、おいしい」と喜んで食べたのはいいけれど、やがておなかが苦しく、重くなったことも多いはずです。

満腹まで食べる心地よさと、少量を食べたあとのおなかがスッキリしている心地よさを頭に思い浮かべて、どちらを選ぼうかと考えてみます。そのとき、あとで苦しくなるよりも、「ちょっとへらしてみようかな」「半分にしておこうかな」と思えたら、それを実行してみましょう。残りは、とっておけるならとっておけばよいし、もらってくれる誰かにあげてもよいでしょう。

そうして、食べたあとのスッキリ感や心地よさを味わいます。たくさん食べたときのいっときの気持ちよさと、少量を食べたあとのスッキリした気持ちよさを比較して、後者の気持ちよさを明確に味わうと、しだいにそちらを選ぶことがふえてきます。

完全にやめるのではなく、へらしたり、半分にしたりするのなら、おいしいものを味わいながらスッキリ感も得られるので、いいとこ取りです。それを続けていると、がまんではなく自然に、「気持ちいいから」という理由で少食や超少食ができるようになっていきます。

しかし、「あとで苦しくなってもいいから、やっぱりおなかいっぱい食べたい」と思うなら、食べてください。そういう人は、何か食べなければならない理由がありま す。食べることで満たしている何かがある以上、食べたほうがよいのです。

「私は食べすぎをやめたいのですが、やめられないのです。どうすればいいですか」という質問を受けることがよくあります。

「あなたは食べすぎをやめたいのですね。やめたければやめればいいのです。でも、本当はやめたいとは思っていないのでしょう」と私は答えます。意地悪をいったり、突き放したりしているのではありません。時期が来ていないということです。

といっても、へらそうとチャレンジしたり、「やっぱりもっと食べよう」と戻ったり、くり返すことにも意味があります。「今日から食べない」などと、決めつけてしまうと苦しくなります。自然に自由に、へらしたりふやしたりをくり返しながら、少しずつ望む方向に向かえばよいのです。

遅すぎるということはありません。私は広い意味での菜食は長年続けていますが、その一方で、アルコールが体質に合わないことを知りつつ、裁判官時代にお酒を飲むことがありました。とくに、沖縄に行ったときには裁判長になっていたので、部の人たちとコミュニケーションをよくしようと、無理に飲んだこともあります。しかし、琉球大学に移ってから、完全にお酒をやめました。やめると体が急速に元気になっていくのがわかりました。

自分が本当に気持ちいいのはどういう状態か、自分の体と対話しながら、可能な範囲で少食、脱アルコールへの道を歩んでいけばよいと思います。

## 近未来の食事スタイル――食べても食べなくてもよい

「食べたあとのおなかの苦しさ・重さを考えて食べる量を選ぶ」という話をしましたが、私は最近、超少食の一日1食でも、食べたあとにおなかが重く感じるようになってきました。「ああ、食べなければよかった」と思うことが多くなってきたので、「そろそろ食べなくてもいいよ」という合図かなと思っています。

一気に不食に進むと、また体重がへっていくかもしれないので、徐々にやっていくつもりです。すると、あるとき、まったく食べなくても健康が維持でき、体重もへらず、気持ちのうえでも満ち足りるときが来るのではないでしょうか。

私としては、今生《こんじょう》でそれができれば本当にうれしいと思います。人生の一つの希望が達成できたという感じになることでしょう。冷静に考えると、多くの人はおいしいものを食べることを希望するのに、「食べない」というのも変な希望ですが……。

ただし、先ほどのお酒の話もそうですが、人とのコミュニケーションをとるうえで、「食べること」が大事な場合も多々あります。とくに、私はいま、インドの仏教大学プロジェクトの人たちと仕事をする立場にあるので、みなさんといっしょに食事をとることは、交流の貴重なチャンスです。食べているときは、みんなリラックスするので、コミュニケーションをとりやすくなりますから。

秋山さんは、まったく食べなくても健康を維持できる体ですが、会合やパーティーなど、つきあいや家族行事で必要なときは、少量のものを食べるそうです。

このように、「食べてもよいし、食べなくてもよい」という状態になることが、不食達成後の、さらに自由で自然な食のスタイルなのでしょう。徐々に人々が不食に移行するなかでの、近未来の食のスタイルといえるかもしれません。

私も、そんな状態をめざして、無理はしないで不食への道を歩むつもりです。

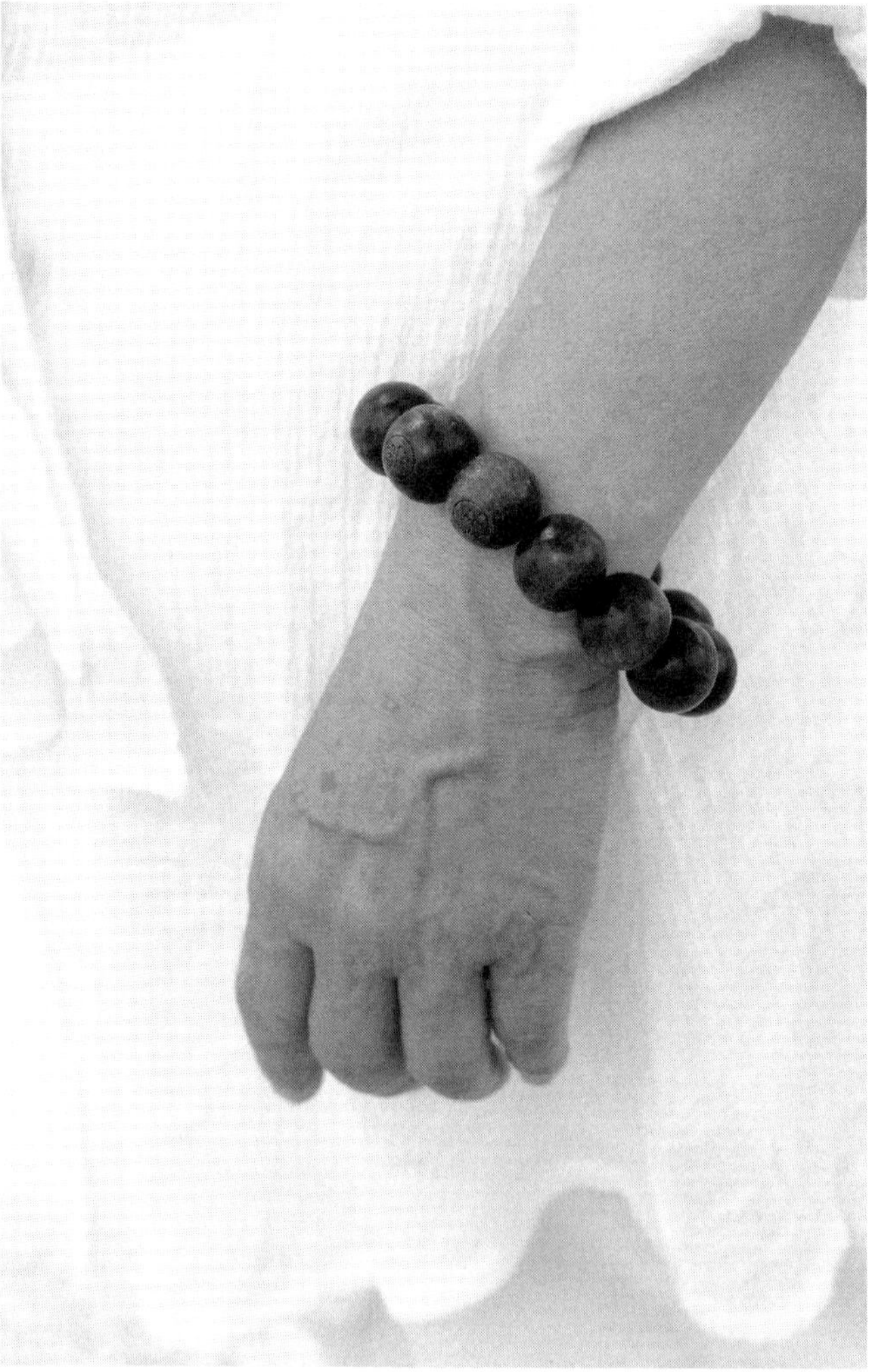

# 第2章＊死なない

死はふるさとに帰るうれしいイベント

## 私が死を恐れなくなったわけ

この世に生まれて、生きて、その間に何が起こるかは、まったく予測がつきません。紆余曲折《うよきょくせつ》の多い人生を歩んできた私などは、とくにそう思います。

しかし、ただ一つ、誰にとっても確実なことがあります。それは「いつかは死ぬ」ということ。これだけは１００％の確率で起こり、例外はありません。

多くの人にとって、「死」は恐ろしいものでしょう。恐ろしいけれども、必ず死ななくてはなりません。このジレンマを抱え続けて私たちは生きています。とくに、末期ガンを宣告された人などは、目の前にその恐怖を突きつけられます。そうでなくても、いつかは突きつけられる日が来ます。

その恐怖をどう乗り切るか、死とどう向き合うか、向き合わないか――。自分で選ぶしかないことですが、死にまつわるいろいろな見方や考え方を知ることは、そのヒ

第2章
＊
死なない

ントになります。

私は、牧師の両親のもとに生まれたこととどのくらい関係があるかはわかりませんが、幼少期から「自分がいま、こうして生きているのは何のためだろう」「亡くなった人はどこに行くのだろう」などということを、深く考える子供でした。

もしかすると、そういうことを考えるという課題を持って生まれてきたのかもしれません。ごく普通の子供らしい生活を送りながらも、始終そういった、すぐには答えが出ない問いを考え続けて、得体の知れないつらさにとらわれたりしていました。

しかし、その思いは、仏教との出合いを境に、さまざまな経験を通じて、しだいに安らかなものに変わっていきました。死への恐怖にとらわれた時期もありましたが、いまでは、死は恐ろしいものではなく、それどころか、心待ちにしたいほど楽しいイベントであることがわかるようになりました。

なぜかというと、私たちの体が死んでも、「本質（魂《たましい》）」は死ぬことなく、ふるさとの地に帰り、やがてまた次の生を生きると確信できたからです。本章のタイトル

「死なない」はそのことを指しています。

このようにいうと、現在の私の僧侶という立場からして、宗教がかった話に聞こえるかもしれませんが、そうではありません。いくつかの宗教の影響を受けているのは確かですが、特定の宗教の話ではなく、私が個人的な学びや経験を通じてたどり着いた死のとらえ方です。

その経験やとらえ方は、いま、何かの形で死について考えている人の参考になるかもしれません。本章では、そんな観点で、死について私なりの考えを語ってみたいと思います。

## このうえなく安らかなインドの死に方

「もし選べるのであれば、自分はどのように逝《い》きたいか」

そういうことに思いをめぐらせた経験は、誰しもあるでしょう。

いろいろな意見があるでしょうが、私が理想的だと思っているのは、インドのお年寄りの逝き方です。そのバックボーンには、ヒンドゥー教の「四住期《しじゅうき》」という考え方があります。

簡単にいうと四住期とは、人生を四つの時期に区切り、

❶学生期《がくしょうき》＝学ぶ時期
❷家住期《かじゅうき》＝社会で仕事をし、家族を養う時期
❸林住期《りんじゅうき》＝引退して林に住み、真理について考える時期
❹遊行期《ゆぎょうき》＝死ぬ準備をする時期

と位置付けるものです。

いまの時代でいうと、学生期はそのまま学生時代、家住期は会社員なら定年までにあたります。林住期は、本来の意味では、出家《しゅっけ》して林に住み、質素に生活しながら修行する時期ですが、いまでいうなら退職後の悠々自適の時期となりそうです。では、最後の遊行期とは、どう過ごす時期でしょうか。

遊行とは、各地をめぐり歩くことです。昔もいまもインドには農村が多く、道沿いには途切れ途切れに集落がありました。そこで、死期が近づいたと思ったら、その人は家を出て、村々をめぐっていきます。村に着くと、食べ物と一夜の宿を提供してくれます。

そうやって、行く先々で人々の慈悲《じひ》を受けながら、ついに動けなくなるときが来ます。すると、「あ、この人はここで死ぬな」と村人たちは受け入れて、木陰のベッドに寝かせてくれます。そこに、もう食べ物は持って来ないで、水だけを持って来てくれるのです。

子供たちが歌を歌ったり、村人が訪ねて来ていろいろな話をしたりして、楽しく過ごさせてくれます。そうするうちに、1～2ヵ月がたち、静かな死を迎えることになります。これが本来の遊行期です。

最近のインドは近代化してきて、家を出て村々を渡り歩くなどということはできなくなりましたが、その基本は大切にされていて、多くの人たちは自宅で同じ死に方をします。

つまり、「自分は長く生きてきて、もうこれ以上は生きなくていいな」と思った時点で、「お水だけにします」といって、ベッドで過ごす生活に入るのです。家族は「ああ、その時期が来たのだな」と了解して、水だけをあげます。

親族や友達が訪ねて来て、いっしょに楽しく過ごし、1ヵ月半くらいでスーッと静かに亡くなります。ですから、長患《ながわずら》いで延々と介護されるなどということは起こりません。

私はインドで学校をつくっているので、知り合いも多く、頻繁《ひんぱん》にインドに行っています。知人の家を訪ねると、先日まで元気だったおばあさんが、ベッドで寝ているのに遭遇《そうぐう》することがあります。家族が「いま、お水だけで」というと、「いよいよそのときか」とピンときます。

その死はこのうえなく安らかで、おだやかです。それは家族や親しい人たちに見守られて逝くからでもありますが、それ以上に、インドの人たちは「もう一度生まれ変わる」ことを固く信じているからです。やがて、先に逝った親族たちがお迎えに来て、いっしょに向こうの世界へ連れて行ってくれると信じているので、不安も恐怖もないようです。

「自分は生きている間、いいことをしたから、またいいところに生まれ変わるだろう」と思って、来世《らいせ》（次に生きる生）を楽しみにして旅立っていくのでしょう。これが、私の理想とする一つの逝き方です。

## 日本など先進国の終末期医療は魂を苦しませる

それに対して、現在の日本ではどうでしょうか。

いよいよ命が尽きようかというとき、現在の日本では、ほとんどの場合、すでに病院に入院していています。そうでなくても、たいていは病院にかつぎ込まれるでしょう。

そして、息が苦しくなると気管挿管《きかんそうかん》をして人工呼吸器をつなぎ、栄養を補給する点《てん》

第2章

＊

# 死なない

滴《てき》の管《くだ》をつけ、排尿《はいにょう》のための管を入れ、血圧・脈拍《みゃくはく》・心電図・血液の状態などを測るセンサーをつけ……と、たちまちチューブとコードだらけになります。

さらには、タンで呼吸が妨《さまた》げられると気管切開をし、口から物を食べられなくなれば、流動食を鼻から挿入したチューブで送り込んだり、外から胃に穴（胃ろう）を開けて流し込んだりします。

このように、体中にさまざまな管とコードをつけた状態のことを、「スパゲティー症候群《しょうこうぐん》」と呼ぶそうです。ただし、急性の病気や事故などでそういう状態になっても、この言葉はあまり使わないようです。ちょうどいま、私が語っているような終末期医療で、治る見込みのない患者さんを管だらけにすることを、少し揶揄《やゆ》していう言葉でしょう。

医師をはじめとする現場の医療従事者は、いつも一生懸命に力を尽くしているのでしょう。また、家族にしてみれば、どんな状態でも少しでも長く生きていてほしいと思うのもわかります。

医療によって、こういう形の延命が可能になっているいま、管やコードの装着を断ることは、自分で肉親の「死」を呼び寄せ、決定することになります。気持ちとして、あるいは看取る人の立場として、延命措置を断るのはむずかしい場合も多いでしょう。

何より、「長く生かしたい」「生きてほしい」という医療従事者や家族の気持ちは尊《とうと》いと思います。しかし、それでも、人の最期として、日本の終末期医療はきわめて不自然といわざるを得ません。

管だらけになって動きがとれず、苦しいので動こうとすると、ベッドのさくにしばられて、手足を拘束《こうそく》されてしまいます。実際に経験したら、気の狂いそうな苦しみでしょう。

もはや年老いて弱り、呼吸ができない、食べられないという人に、無理矢理に呼吸をさせ、食物を流し込んで生かすなどということは、人の「本質」のあり方を考えると、苦しみを与えるだけだと思います。

ここでいう「本質」とは、私たちの肉体に宿っている存在で、「核」とか「霊」とか「魂」とか「本体」などと呼ばれるものです。本書では、基本的に、特定の宗教観などと結びつきにくい「本質」という言葉を使っていきます。

私たちは、「肉体＋本質」でできています。パソコンでいえば「ハードウエアーソフトウエア」のようなもので、どちらが欠けても人間として成り立ちません。

日本の終末期医療は、その「本質」、多くの人が聞き慣れている言葉でいうと「魂」を苦しめます。肉体の最期が近づき、本質が死後に行くべき世界に移ろうとしているのに、それを強引に引き止めて行かせないからです。

どんな理由があるにせよ、人の本質から見れば残酷な行為です。人には、安らかに死ぬ権利があります。向こうの世界に旅立とうとする人に対して、看取る人々ができるのは、安らかに、ただ安らかにと願って静かに送り出すことだけです。

それが、前項で述べたインド式の逝き方です。日本やほかの先進国で普通に行われている延命治療は、そのまったく逆の行為です。

いままさに向こうの世界に移ろうとしている人を苦しめることになる、現在の終末期医療のあり方について、みんなで真剣に考えるときが来ているように思います。

## 「姥捨て山」は悲劇ではない

私が理想としているインド式の逝き方を、いまの日本で実践しようとすると、家族は犯罪者になる可能性があります。その罪名は、「保護責任者遺棄致死罪」といいます。「保護しなければいけない相手を遺棄して死に至らしめた」という意味です。

遺棄とは「捨てて顧《かえり》みない」ことですが、刑法上の遺棄罪は、保護しなければならない相手（要扶助者）を保護されない危険な場所に移したり、置き去りにしたりする罪を指します。それによって、死なせると遺棄致死罪になります。

要扶助者とは、幼かったり、年老いていたり、障害や病気があったりして、1人では生計や生活が営《いとな》めない子供や親、兄弟姉妹、配偶者などです。年老いた親を家に寝かせ、水しか与えないで見送るというインドの現代版「遊行期」は、日本ではまさしく遺棄致死罪となるわけです。

保護責任者が意図的に、あるいはネグレクト（するべき育児や介護を怠《おこた》り、放棄すること）によって遺棄行為をし、その結果、要扶助者の安全や健康が脅《おびや》かされては困るので、それを防ぐ目的で定められた罪ということはわかります。

しかし、「病院で管だらけにしないで、住み慣れた家で安らかに見送ってあげたい」という人のケースでも、この罪に問われてしまうこともあるのです。

本人が自分の意志で「安らかに死にたい」と思い、「もう、ごはんを食べたくもないし、食べなければ自然に弱って安らかに向こうに行けるから」と、食べないことを希望している場合に、家族がそれを尊重するのは、決して許されないことではないと思います。

家族がその気持ちを察し、安らかに清潔に、楽しく過ごさせて向こうに行かせてあげると罪になるというのは、おかしなことではないでしょうか。このことについて、真剣に考えるべき時期に来ていると考えます。

人それぞれ、いろいろな考えや感覚があると思いますが、私は病院で苦しんで死にたくありません。安らかに向こうの世界に移行できるインド式の逝き方で、ぜひ旅立ちたいのです。

　この旅立ち方は、介護する家族にとっても、たいへんらくです。いまの終末期医療で、濃厚な医療を受けながら何年も生きることになると、本人はもちろん、家族にとっても地獄です。家族による介護は美談にされがちですが、本来の旅立ちのタイミングを医療で長引かせ、その分、家族を苦しめることは、美談としてかたづけてはいけない問題でしょう。

　ここまで「インド式の逝き方」を述べてきましたが、古くは日本にも、同じような考え方がありました。深沢七郎《ふかざわしちろう》の小説『楢山節考《ならやまぶしこう》』で描かれている「姥《うば》捨て伝説（棄《き》老《ろう》伝説）」です。姥捨ての風習そのものは、実際にどのくらいあったのか、確かなことはわからないようです。しかし、非常に貧しかった時代、もともと死に対する独特の潔《いさぎよ》さを持つ日本人が、孫子のために命の最期を自《みずか》ら決める行為を、何かの形で実行していたとしても不思議ではありません。

姥捨て伝説は、よく悲惨な話として語られます。しかし、年老いた者が旅立つときを自ら決めることは、決して悲劇ではないと私は思います。

老人たちは見捨てられたのではなく、自ら死を受け入れ、潔《いさぎよ》く山に向かったのです。ちなみに、『楢山節考』に描かれた「おりん」には、肝臓《かんぞう》ガンを患い、自らの意志で逝くために絶食をしていた深沢七郎の実母の生きざまが反映されているそうです。

もっとも私自身、若いころには、こうした考え方を受け入れることはできませんでした。いま、70歳を過ぎて、自然に受け入れられるようになったのです。

すべての生物に、天から授かった寿命があります。黄色い木の葉がスッと枝を離れて地面に落ちるのを見ると、私は「とうとうそのときが来たのね。ご苦労さま」と心でつぶやきながら、静かで平和な気持ちになります。できることなら、自分もそのように静かに、安らかに逝きたいと思うのです。

## 輪廻転生——人は何度も生まれ変わる

インドの人が非常に安らかに、喜びを持って旅立つのは、「もう一度生まれ変わることを固く信じているから」だといいました。肉体は死んで消滅しても、本質はまた生まれ変わるので、いまの生に執着する必要もないのです。

そのように生まれ変わりをくり返すことを「輪廻転生《りんねてんしょう》」といいます。輪廻とは車輪のように生をくり返すこと、転生とは文字どおり生まれ変わるという意味です。

「輪廻転生」という言葉自体はよく知られているので、ご存じの人も多いでしょう。一般に仏教用語とされることが多いのですが、実は仏教の開祖であるブッダ（釈迦《しゃか》）は、死後の世界のことも輪廻転生についても一切語っていません。ブッダが開いた原始仏教の基本思想は「生もなく、死もない。すべては空《くう》である」ということですから、そこには輪廻転生さえもないのです。

# 第2章

＊

# 死なない

　もともと輪廻転生は、インドで仏教以前から広まり、いまも圧倒的多数の信徒がいるヒンドゥー教の基本思想です。ブッダは釈迦族の王子としてインドに生まれ、ヒンドゥー教の教えの下で育ったので、その影響は受けているでしょうが、死後の世界や輪廻について語ったという記録はありません。

　仏教に輪廻転生の思想がとり入れられたのは、ブッダの死後しばらくたってからです。輪廻転生とひとくちにいっても、ヒンドゥー教、仏教、チベット仏教、そのほかのさまざまな立場でいう輪廻転生の形があるのです。

　本章の冒頭でふれたように、私も研究と経験を積み重ねて、人は何度も生まれ変わるという確信にたどり着きました。そのあり方は、既存の宗教でいうどの輪廻転生の形とも違います。

　その内容を述べる前に、現在の仏教とヒンドゥー教でいう輪廻転生とはどういうものか、簡単に説明しましょう。

## 生まれ変わりを信じてたくましく生きるインドの人たち

現在の仏教でいう輪廻は、六つの世界に生まれ変わる「六道輪廻《りくどうりんね》」と呼ばれるものです。

地獄界、餓鬼《がき》界、畜生界、修羅《しゅら》界、人間界、天界という六つの世界があり、最も苦しみが多いのが地獄界で、順によい世界になり、六つの中で最も住みやすく、らくなのが天界です。

六道輪廻では、現世《げんせ》（いま生きている生。今生《こんじょう》ともいう）の行いにより、来世に生まれる世界が決まるとされます。たとえば、現世で人を殺すと来世では地獄界に落ち、現世で人助けなどの功徳《くどく》（善行）を積むと来世は天界に生まれ変わるという具合です。

ただし、天界がゴールというわけではありません。人間界よりははるかに美しくよい世界とされる天界もまた、迷いのある世界には違いなく、解脱《げだつ》（悟りを開いて仏になること）しない限り、この六つの世界をグルグルめぐるというのが六道輪廻の考え方です。

一方、ヒンドゥー教では、現実社会にあるカースト制度と輪廻転生の思想とが密接に結びついています。カーストとは、ヒンドゥー教で定める身分制度です。大きくはバラモン（僧侶）、クシャトリア（貴族・軍人）、バイシャ（平民）、シュードラ（奴隷）の四つに、アウト・カースト（カースト外の存在とされる被差別民）を加えた五つがあります。

この五つの身分の中に、就《つ》ける職業などを定めたさらに細かい１０００以上の身分があり、生まれながらに職業が決められ、カーストをまたぐ結婚も認められません。

インドのカースト制度は、憲法上はすでになくなっていますが、現実には確固として存在します。そして、生きている間によい行いをしたら、来世では上のカーストに生まれ変わると固く信じられています。

ちなみに、インドにはいたるところにおおぜいの物乞いがいますが、彼らは物やお金を施《ほどこ》されてもお礼をいわない場合が多いようです。これにも、輪廻転生の思想が深く関係しています。物乞いに施しをするのは功徳を積むことであり、施した人はそれによって来世は上のカーストに生まれ変わるかもしれません。「自分はその機会をつくり、手伝ってやった」ということで、お礼をいうどころか、むしろ偉そうにする物乞いもいます。

物乞いをしているのは、多くが職業に就けない下のカーストの人たちです。物乞いの親から生まれ、物乞いになるしかない彼らは、五体満足に生まれながら、保護者によって手足を切断されたり、目をつぶされたりすることが少なくありません。障害を持っているほうが、同情を集めて施しを受けやすくなるからです（近年では、この問題にマフィアが絡むケースもふえています）。

物乞いが有利になるという理由で、親がわが子をわざと障害者にするなどということは、日本人の感覚からすると理解できませんが、それでも子供は親に感謝します。自分を地上に生まれさせてくれたのは親であり、生まれなければ来世への生まれ変わりもないからです。

インドでは、いまなおハンセン病の人たちをたくさん見かけます。WHO（世界保健機関）の南アジア支部がデリーにあり、そこにはハンセン病の特効薬がたくさんあるというのに、薬を配っても飲まない人も多いということです。

私は毎日配れば薬を飲むだろうと思い、「うちの学校の子供たちに、朝、村の患者さんに薬を配ってから登校するようにたのみましょう」とインドの友人にいうと、「そんなことをしてもムダです。治りたくない人がたくさんいるのですから」といわれました。ハンセン病が進行すると、顔の変形などが起こります。その姿のほうが人々の同情を引いて、物乞いに有利だと考える人が多いというのです。

これもすさまじい話ですが、はたから見れば悲惨な環境でも、来世に生まれ変わることを信じ切り、その希望と喜びを持ってたくましくいまを生き抜いている人たちが、インドにはたくさんいるのです。社会的には問題が山積みですが、その確信に満ちた生きざまには、理屈抜きで圧倒されます。

## 今生の学びは必ず生かされる

仏教の六道輪廻にしても、ヒンドゥー教における転生とカーストとの関係にしても、「よいことをしたら段階が上がる、悪いことをしたら下がる」という法則があるといわれます。

しかし、私のたどり着いた輪廻転生のあり方は違います。現世でどんな行いをしても、つまり、よいことをしても悪いことをしても、生まれ変わるときには必ず段階が上がります。

一般的・社会的な意味では悪いことでも、すべては本質の成長に役立つ「学び」だからです。あらゆることは「よい経験」であり、人の本質は一生を過ごすうちに必ず成長するからです。

どんなに一生が短くても、何もしていないように見えても、悪行ばかり働いているように見えても、本質は必ず成長しています。成長しない人はいないのです。ですから、生まれ変わったときに、今生よりも下の段階に下がることはあり得ません。

私の考える段階は、仏教でいう六道のような少ない数ではなく、インドの細かいカーストよりもさらに多く、無数にあります。それを、学びが大きかった人は飛び級のようにして大きく上がり、そうでない人でも相応に上がって、来世に生まれ変わります。

ここでいう「段階が高い」とは、宇宙の真理である「コンパッション（compassion）」に満ちている状態です。コンパッションは、慈悲、慈愛、共感、同情、愛などと訳されますが、日本語にすると、残念ながらどうしてもピッタリくる言葉がありません。

慈悲や慈愛、同情というと、本来は違うのですが、どうしても憐《あわ》れみがまざるイメージになります。かといって単なる共感とも違います。

愛というと、これも本来は広く深い意味ですが、男女間の愛をイメージする人もいて、人による解釈の違いが大きくなります。ピッタリくる日本語がないので、やむを得ずそのまま英語を使っています。しいて日本語にするならば、「平等で純粋な慈愛」というところでしょうか。以後、「コンパッション」という言葉が出てきたら、そんなイメージを思い浮かべてください。

コンパッションこそが宇宙の真理であるというのは、仏教の根底に流れている思想でもあります。私も、何をするにしても純粋なコンパッションのみで動きたいと願っています。学校をつくるなどということも、ほんのわずかでも何かの見返りや名声などを期待する気持ちがあるとしたら、動いてはいけないと思っています。

その人がコンパッションに満ちているかどうかは、すぐわかります。コンパッションに満ちた人といると、とても気持ちがいいからです。

身分や教養や学歴などは、一切関係ありません。論理ではなく、外見でもありません。そういったことはまったく別にして、いっしょにいるだけで心地よくなって癒《いや》される人が、あなたのまわりにもいないでしょうか。

たとえば、心に哀しみを抱えて何もいわずに訪ねれば、「よく来たね」と敏感《びんかん》に哀しみを察知して、さりげなくやさしく接してくれるような人です。別のいい方をするなら、「波動《はどう》が高い純粋な愛に満ちた人」ともいえます。そういう人は、本質の段階として非常に高いランクにいるのです。

## すべての人は旅の途中

逆に、頭がよくて一見やさしそうでも、実はガリガリ亡者のような人もいます。そういう人は、いかに取りつくろっていても、いっしょにいるといい気持ちはしません。2時間ほども話していると疲れてしまい、「もう休みたいな」という気持ちになるものです。

うまく訓練できれば、相手の段階がどうあれ、疲れたりしないで接することもできるようになります。しかし、それ以前には、大きな隔《へだ》たりがある相手と接すると、相手の波動でやられてしまうことがあります。

私は、いまではそんなこともなくなりましたが、裁判官になって間もないころ、裁判所の中でよくそんな経験をしました。裁判所には、憎しみや争いの渦中にいて、相手を打ち負かそうとしている人がよく来るので、その波動にさらされて、ひどく疲れることがあったのです。

本書の巻末に「いまを生きる16のヒント」を掲載しましたが、そのなかに「つきあいたくない人とはつきあわない」という一節があります。それは、つきあいたくないと感じるのは、本質の段階の差が大きいということであり、無理につきあうと、相手の波動でやられかねないからです。

いまでは不食《ふしょく》の人として有名な弁護士の秋山佳胤《あきやまよしたね》さんが「さすが」と思うのは、裁判を起こして争おうとしている人たちでも、いつの間にか争わない解決法に導くところです。裁判所は、本来は争いの場ではなく解決の場であり、最高の解決策を見出すのが、法曹界《ほうそうかい》にいる者の任務です。秋山さんはそれを徹底的に実践しておられます。

そのように、相手や場所がどうであれ、負の波動を受けずに、あるべき形に導ける力があればよいのですが、なかなかそうはいかない場合もあります。そんなときには、相手を傷つけないように工夫をしながら、うまくさけることもお互いにとって必要です。ただし、だからといって、相手を批判したり、否定したりする必要もありません。「あなたの考えはそうなのですね」と受容したうえで、自分と違っていたら自分の考えで生きればよいのです。

転生をくり返しながら、私たちは無数の段階の中で、一人ひとり違うところにいます。すべての人は旅の途中なので、「まだそんなところにいるのか」「そんなところにいてはダメじゃないか」などということもないのです。自分もかつてはそこにいたのですから、責めるのはおかしな話です。

「ああ、あの人はあそこにいるな」「あなたはそこにいますね」「私はそこを通り過ぎて、いまはここにいます」と、思っていればよいだけです。

逆に、道のはるか先のほうにいる人に対して、「すごい人だ」「偉い人だ」と、むやみに持ち上げる必要もありません。「私よりずいぶん先のほうを歩いているなあ。私もいつかは行く道だ」と思っていればよいのです。

誰かをことさら持ち上げることは、対極にいる誰かを見下げることにつながります。私たちはそのどちらもしないで、旅路の中でいまいる場所を認識しながら、次の旅を楽しみに生きていけばよいのではないでしょうか。

## チベット仏教の「死者の書」で学んだ転生

いま述べたような輪廻転生のあり方に、私がどうやってたどり着いたかというと、仏教やヒンドゥー教の影響もありますが、多くをチベット仏教に学びました。

チベット仏教には、「死者の書」と呼ばれる、死にゆく人に死後の世界を教えておくという目的の経典《きょうてん》があります。そのなかには「死んだ人は、まばゆい光に出合う。その光に飛び込んで融合できれば成仏するが、そうでなければ7日ごとに光が現れて、それが7回くり返される」などといったことが書かれています。

また、チベット仏教には、現世での学びを生かして、やり残したことを来世で行うという思想もあります。

私はキリスト教の家に生まれながら、ある時期から仏教に引き寄せられていきました。さらには、チベット仏教への関心が高まり、一時期はチベット仏教の専門家のつもりで活動していた時期もありました。

そのきっかけは、チベット仏教の最高指導者であるダライ・ラマ14世の自伝を読んだことです。ちなみに、ダライ・ラマの地位の継承は、世襲や血統ではなく、転生者として認定されることによって決まります。ダライ・ラマが亡くなると、高僧たちがその生まれ変わりを探し出し、前のダライ・ラマの持ち物を記憶しているかなどを調べたうえで継承者として認定します。

現在のダライ・ラマは、その方法で3歳のときにダライ・ラマ13世の生まれ変わりと認められ、4歳で即位しました。

ダライ・ラマ14世は、中国の侵略により、1959年以降はインドのヒマチャルプラディシュにあるチベット亡命政府にいますが、チベットの非暴力的自主・独立運動により、１９８９年にノーベル平和賞を受賞しました。

その自伝を読んで、「すごい人がいる」と思った私は、その本の巻末にあった東京・五反田のチベット文化研究所をさっそく訪ねました。裁判官になって十数年くらいたったころ、八王子の裁判所に勤めていた時期です。

チベット文化研究所の所長さんの紹介で、インドにあるダライ・ラマ14世のお兄さんの家に泊めていただいたりしながら、私はチベット仏教に傾倒していきました。

それ以来、チベット仏教に自分の師匠がいるのではないかという気がして、何度もチベットに行きました。また、チベット仏教圏であるインド、ネパール、ブータン、とくにヒマラヤ近辺を、休暇のたびに登山を兼ねて訪ね、ほうぼうのお寺を訪ねました。

そして、本当はチベットに学校をつくりたかったのですが、中国政府の許可を得られず、かないませんでした。ダライ・ラマ14世の2番めのお兄さんが、中国の人民代表大会で少数民族の代議員を務めておられたので、中国政府にたのんでもらおうと、いろいろ努力しましたが、けっきょくダメでした。そのあと、縁あってインドに学校をつくることになりましたが、私はいまからでも、チャンスがあればチベットに学校をつくりたいと思っています。

ともあれ、このような縁でチベット仏教を学ぶことによって、私は「人は生まれ変わる」という確信を得ることができたのです。

## 「ヘミシンク」でさらに深く理解

もう一つ、宗教とはまったく別の手法でも、私は死後の世界や輪廻転生について学びました。それは、「ヘミシンク」という技術です。

ヘミシンクとは、左右の耳で異なる特定の周波数の音響を聴くことで、意識を変容させ、人間意識の探索ができる技術です。

米国でラジオ番組制作会社を経営していたロバート・モンロー氏が開発した技術

で、彼は自身が体外離脱を体験したことをきっかけとして、その研究に打ち込み、モンロー研究所を設立して、ヘミシンクの技術を確立しました。

体外離脱とは、生きている人間の肉体から、その人の本質（意識、心、霊魂）が抜け出る現象です。心霊的に語られがちですが、モンローは体外離脱を意図的に起こすことにも成功し、離脱中の血圧、心拍数、脳波、心電図といった科学的なデータをとりながら分析しました。その成果からヘミシンクの技術が生まれたのです。日本では、元ソニー株式会社の半導体研究者である坂本政道《さかもとまさみち》氏が、ヘミシンクの公式トレーナーとして有名です。

私は、２００８年以降、アメリカのモンロー研究所や日本でヘミシンクのセミナーを何度も受けて、さまざまな経験をしました。体はその場所にいるままで、意識を飛ばして多種多様な経験ができるのです。

ヘミシンクの意識状態に入ると、最初は画像の粗《あら》い白黒テレビのような視界が現れ、意識を集中させていくと明確になってきます。たとえば、死んだ人の意識状態に合わせ、「〇〇さんに会いたいな」と思うと、スッと相手が現れます。

現世での役割を果たせるように支えてくれる自分のガイド（守護霊）や、先人たちとも会うことができます。私はガンディーやリンカーンと会ったこともあります。

今生で何を学び、何を学んでいないかを評価するセンターや、今生の人生を反省するセンターにも行きました（意識の中で行ったので、実際にそういう建物があるかどうかはわかりません）。

亡くなった人々のなかには、今生での体験や死に方によって、うまく本質のふるさとに帰ることができず、そのまま意識がさまよっている人もいます。仏教でいうと、いわゆる「成仏できない」状態です。

そんな場合に、ヘミシンクには、向こうの世界に連れて行く技術があります。その人のもとに意識を飛ばして寄り添い、「ここにいては生まれ変われませんよ。いっしょに行きましょう」と、光の世界へ連れて行く仕事があるのですが、私はその仕事もずっと続けてきました。

こういった経験をしていると、人が生まれ変わるということは、疑う余地のない確かなことだとわかってきます。さらに、それにまつわるいろいろな事情も理解できてきます。

たとえば、もともと本質は、自分が生まれるのにふさわしい両親を探し、その子供の肉体の中に入ります。私たちは、両親が子供をつくっていると思っていますが、それは肉体だけの話であって、本質の世界では子供が両親を選んでいるのです。

虐待をする親の子供には、自分とともに親が学ぶために、あえてその親を選んだ本質が入ります。課題が大きいので、すでに多くの回数生まれ変わっている本質が、そういう選択をするのです。また、障害者として生まれるのは、すでにある程度高い段階の本質です。そして、すべての人の本質は、何かをこの人生で学ぶためにこの世に生まれてきます。

自分にとって、その課題とは何なのか。知りたいならば、必死になって「自分はなぜ生きているのだろう」と思えば、必ずヒントが現れてきます。

# 第2章
＊
死なない

## 死は光のふるさとに帰ること

人間の本質は、いつ、どんなふうにその人に宿るのでしょうか。

受精後2〜3ヵ月ごろに、本質が中に入ってきて肉体と「合体」すると考えられています。そのときに初めて、人間としての実体を持つことになります。

本質のない肉体だけの存在は人間とはいえませんから、受精したらすぐ人間になるわけではないのです。2ヵ月といえば、胎児《たいじ》の大きさは2センチ足らずですが、体の基本的な器官ができ、脳の原形もできたころです。そこから初めて、本当の意味で人間になります。

肉体は両親がつくったわけですが、そこに入る本質はどこから来るのでしょうか。それは、宇宙にある本質のふるさと「光の世界」からです。

といっても、どこかに具体的な場所があるわけではありません。いま、ここに、その光の世界はありません。見えないだけで、私たちのいるところにあるのです。

肉体とともに、本質はさまざまな経験をし、考え、記憶します。私たちは、脳で考え、記憶していると思っていますが、脳はハードウエアにすぎません。つまり、考える「道具」であって、それを使って考える主体は本質です。

やがて、ときとともに肉体は老化し、死を迎えます。厳密にいうと、本質が出て行くことにより、肉体が維持できなくなって迎えるのが「死」です。

ですから、「死」は肉体に起こることで、本質には「死」はありません。

近ごろ、東京大学医学部附属病院の医師、矢作直樹《やはぎなおき》さんが上梓《じょうし》された『人は死なない』（バジリコ）という本が大きな話題になっています。この本も「肉体が死んでも人の本質（霊魂）は死なない」ということを述べています。現代医学に携《たずさ》わる医師の立場から、そういったことを述べる本が出たことを、多くの人が衝撃と感動を持って受け取ったことでしょう。私も「そんな時代になったのだ」という感慨を持ちました。

# 第2章
＊
# 死なない

本質から見れば、まさに「人は死なない」のです。

そして、肉体から抜け出た本質は、もといたふるさとに帰ります。そこは、最高に幸せな光の世界だと私は思っています。私はその光を、近ごろでは瞑想《めいそう》の中で見ることができます。本当にきれいな光で、オーロラよりも、また、かつて私が沖縄での瞑想中に降りそそいだ7色の光よりも、はるかに美しい光です。

ふるさとに帰るのは、誰にとってもなつかしさと喜びに満ちあふれた、うれしいことです。ですから、「死」は恐ろしいことでも悲惨なことでもなく、私たちにとってうれしいイベントなのです。

もちろん、今生で親しくしていた家族や親族、友人とは、肉体としてはお別れしなければならず、そのさびしさや悲しみがあります。けれども、それは主として残される側のさびしさや悲しみであって、旅立つ本人は多くの場合、喜びに包まれています。

「若くして事故や病気で亡くなった人はどうですか。喜びなどとはとてもいえないのでは」と思うかもしれません。しかし、本質はわかっています。肉体としての時間は短くても、その間に必要な学びをしたからこそ、旅立つときが来たのだと。

子供や、若くして亡くなった人ほど、その本質は早く生まれ変わるといわれています。

大切な人を失ったとき、その肉体の姿は失われ、私たちは心が引き裂かれるような悲しみに襲われます。けれども、少なくとも、本質は納得して旅立っていったこと、いつかまた近いうちに生まれ変わったその人と会えることを、どうか信じていてください。

そして、自分の「死」という旅立ちのときは、恐れずに、ぜひ楽しみにしていましょう。

## 「無性にしたいこと」の原因は前世にある

「理屈抜きで、とにかくこれをしたい。しないではいられない」
「これはいやだ。絶対にこれをしたくない」

第2章
＊
死なない

そんなふうに思うときには、本質が学んできた前世や過去世（前世以前の生）の経験がもとになっていることが多いものです。

たとえば、マザーテレサの前世は、誰にも看取られず、身寄りもなくさびしく死んだ人だったかもしれません。アルベルト・シュバイツァーの前世は、赤道直下で感染症によって亡くなった人だったかもしれません。

私がチベットやインドの学校のないところに無性に学校を建てたくなったのも、前世で勉強したかったのにできなかったからとも考えられます。

若くして出家したいという女性に、「あなた、若くして尼《あま》さんになって、結婚したり、子供を持ったりという経験をしなくていいの？」ときくと、「私は男の人に興味がまったくわかないし、子供を持ちたいとも思いません」という人がいます。一時の感情や、無理をしていっているのでないことは明らかです。そういう話を聞くと、「ああ、この人は前世でそういうことを何回もしてきて、もう卒業したのだな」とわかります。今生の課題はそれではないということなのでしょう。

逆にいうと、次々に男性遍歴を重ねないではいられないような人は、今生の課題がそこにあるともいえます。ですから、気がすむまでその経験をしたほうがよいのです。

不幸にして事故や災害で亡くなった人は、来世ではそういうことを防ぐ仕事に従事するかもしれません。うつが重くて、耐えきれずに残念にも自殺してしまった人は、来世では生きるつらさを訴える人の相談役になっているかもしれません。

すべてに意味があり、意味がない経験はないのです。そう考えると、苦しみの中にも救いがあります。見送る側としてこのうえなくつらく悲惨な死にも、一条の光が射す気がします。

実際に、人が生まれ変わるのでなければ、どうしても説明できない事象がたくさん起こっています。私はインドでも、そういうことを多く見聞きしました。

たとえば、やっと言葉が話せるくらいになった男の子が「僕はね、前に○○という名前で、お父さんは○○、お母さんは○○、伯父《おじ》さんはこんな人だったよ」などと話し始めることがあります。

聞いていた誰かが「あっ、隣の村に、確かにそういう名前の子がいて、事故で死んだ」というので、隣村に行って話を聞くと、「両親の名前や、語ったことはすべて本当だった。彼は生まれ変わりだ」というような事例がたくさんあるのです。

## 犯罪の経験によっても本質は成長する

先にお話ししたとおり、本質を成長させるのは、社会的に「よい行い」だけではありません。語弊があるかもしれませんが、人は悪いことによっても学びます。道義的におかしいことを何としてもやりたいのは、そこにも何か本質の求める理由があるのです。

決して犯罪や悪いことを推奨するという意味ではありません。その人自身にとっても、周囲の人にとっても、社会としても、それは防げるほうがもちろんよいのですが、もし起こってしまったら、悪い行いによっても本質は学んで成長できるということを、ぜひ知っておいてほしいのです。

裁判官をしているときも、そういうことを深く考える機会がありました。私は主として民事の裁判を手がけてきて、刑事裁判（犯罪を犯した人の裁判）を直接的に担当した期間は長くはありませんでしたが、逮捕状や勾留状などを発する、刑事裁判の前段階の手続きは何十年もやってきました。

勾留手続きのときには、犯罪を犯したといわれる人が手錠をはめられて私の前に連れて来られます。「この人はこういう犯罪行為をやったから勾留してください」と検察官が裁判官に請求してくるのです。

そこで私は「書類には何々をしたと書いてありますが、あなたはそんなことをしましたか。どうしてそんなことをしたのですか」などときいていきます。そんな問答をしながら、私は心の中で「ははあ、この人はこういうことをやってはいけないと、わかっていてやったのだろうな。その結果、逮捕されて手錠をはめられ、腰縄をつけられて、裁判官の前に連れて来られ、警察の留置場に入る経験をすることになったのだな。こうしていろいろな学びをする機会を天から与えられたのだな」と思っています。

そういうとき、私は決してその人を非難したり、攻撃したり、気の毒と思ったりはしていません。「いい機会ですよ。ここでいろいろ学んでください。そして、この経験をさせてもらったことを天に感謝してください」と心の中で思いつつ、法的手続きをするわけです。

人生が一度きりで、失敗したら仕切り直しできないのでは、救いがありません。実際には、何回でも仕切り直しできるのです。

自分の生きた人生は、どんな人生でもムダにはならず、惨憺《さんたん》たる人生は逆によい教訓になるのです。つらい人生を生きた人ほど、来世では同じ境遇の人に心底からの同情心を抱ける親切な人になれるからです。

そのように、人生でやったことが、どんな形にせよ次の人生に役立っていくという考えは、非常にバランスがとれています。それこそが、調和とバランスで成り立つ宇宙法則にかなうものといえるでしょう。

## 光の世界にうまく帰れない人もいる

あまりにも急に亡くなると、自分の肉体が死んだことがわからず、本質がふるさとに帰れない場合もあります。すると、先にもふれましたが、生まれ変わることができず、いわゆる成仏できない状態になって、意識が地上にとどまります。

死んだら意識もなくなる、と多くの人は思っています。ところが、意識はなくならずに残っています。肉体の死が理解できないまま、意識体として残ってしまうと、どうなるでしょうか。

本人は、肉体があるときと同じ感覚でいますが、人からは見えないので、当然、完全に無視されます。どうしたらよいのかわからず、「家に帰ろう」と思うと、思ったとたんに家にいます。意識体だけなので、思うとすぐ実現するのです。家に帰って「お母さん」などと呼びかけても、やはり通じないので、もうどうしたらよいかわからず、フラストレーションのかたまりのようになります。事故や災害で突然亡くなった肉体の本質は、そのようにして生まれ変われずに、いつまでもとどまっていることが少なくありません。

普通は、本質だけの存在は見えませんが、そういう事象に特別に敏感で、いわゆる「見える人（意識体を視覚化できる人）」もいます。そういう人には、東日本大震災のあと、現地のショッピングセンターなどに、亡くなっているはずの人がおおぜい来ているのが見えたそうです。彼らには、意識体も普通の人のように見えるので、病院に行くと、亡くなった人たちが見えて、「実際以上に混んでいていやになる」などといいます。

沖縄には、どういうわけか見える人が多いようです。おそらく沖縄の人の体質なのでしょう。「昨夜、海岸をドライブしていたら、フロントガラスにピタッと女の子が貼り付いて、こっちをじっと見ていたよ」などと、普通のことのように話します。聞いているほうも「そうなの、きっとその海でおぼれた女の子でしょうね」などと、普通に受け答えしています。見える人たちにとっては、日常茶飯事のようです。

急な亡くなり方で、死んだことに気がつかない場合だけでなく、現世に強い思いを残している場合も同じ状態になります。ホテルに入って、誰もいないはずの部屋なのに、窓のところに人が座っていたという話もよく聞きます。それは、たいていその部屋から飛び降りた人の本質が、強い念を残して居座っているのです。

私は見えはしないのですが、残っている本質のエネルギーは感じます。沖縄に赴任する前に、南部をレンタカーで走っていると、急に気分が悪くなったり、寒くなったりしたことがありました。沖縄南部は、第二次世界大戦の終わりに激戦地となって、たくさんの人が亡くなったので、まだ多くの人の本質が、ふるさとに帰れずさまよっているようです。

こういう人たちの本質をふるさとに帰してあげるには、先に述べたヘミシンクの技術も使えますが、最もよいのは静かにただ祈ることです。沖縄のかつて激戦地だったところも、たくさんの人の祈りのおかげで、とどまっている本質が少なくなってきたようです。

## 逝くときを自分で選ぶという生き方

さて、本章の冒頭であげたインドのお年寄りの逝き方について、私には一つの疑問があります。前章で述べたとおり、いまの私は不食をめざしています。望みがかなって不食で過ごせるようになった場合、「水だけで過ごして静かに逝くということはできないのだろうか」という疑問です。

それを考えるヒントになりそうな事例を見つけました。ただし、それは人ではありません。

一時期、話題になっていたのでご存じの人も多いかもしれませんが、三重県鳥羽市《とばし》の鳥羽水族館で飼われていた「ダイオウグソクムシ」です。名前に「ムシ」とついていますが、エビ、カニなどと同じ甲殻類《こうかくるい》の仲間で、深海に棲《す》み、体長は20〜40センチになります。

Ｎｏ．１と名づけられたそのダイオウグソクムシは、５年以上、エサを食べずに生き続けていることで話題になりました。人間以外でも不食で生きる生物がいるとは、たいへん興味深いことです。

そのダイオウグソクムシＮｏ．１は、絶食6年めに突入して1ヵ月後の２０１４年2月14日に、突如、死んでしまいました。

同館のホームページによれば、体重は、入館時の１０４０グラムに対して、死亡時が１０６０グラムで、いっさい食事をしていないのにほとんど変わっていませんでした。解剖したところ、固形の未消化物はなく、胃の内部は淡褐《たんかっしょく》色の液体で満たされていたそうです。

体重もそうですが、解剖結果からも「やせ」は認められず、内臓などの状態もよく、餓死でも病死でもないと考えられ、死因はいまのところ不明だそうです。

不思議なことですが、このダイオウグソクムシは、何かの理由で「向こうの世界に戻ろう」という強い意志を持ったのかもしれません。

不食で生きていても、臓器はそれなりに衰《おとろ》えていき、「そろそろだな」と自分で感じるときが来ることでしょう。そのときに、自然の流れを大切にしながら、ある意志を持ってふるさとに帰るのも、なかなかよい逝き方ではないかと思っています。

死をむやみに恐れずに、里帰りや、こっちの部屋からあっちの部屋に移るようなイメージでとらえて、その迎え方をあれこれ考えてみるのも楽しいと思うのですが、いかがでしょうか。

# 第3章＊争わない

武器を持たないことこそ強い

## 自分を、子供を、国を守るとは……

2014年の夏、フランスから日本に向かう飛行機の中で、水谷豊《みずたにゆたか》さん主演の人気ドラマ『相棒』の劇場版をたまたま見ました（『相棒―劇場版Ⅲ―巨大密室！特命係 絶海の孤島へ』）。

ある島で私的な軍隊を組織している人たちがいて、天然痘《てんねんとう》の生物兵器を造っているというストーリーです。彼らは、日本が攻撃されたときに、その兵器を相手国に打ち込もうと考えているのですが、そこに殺人事件が起こり、水谷豊さん扮する刑事、杉《すぎ》下右京《したうきょう》がやって来て、事件そのものは解決します。

最後のシーンで、拘置所に入った犯人に右京たちが面会に行きます。

「生物兵器なんか造って、どうしようと思ってたんですか」という問いに、犯人はこう答えます。

「備《そな》えですよ。万が一、やられたときにやり返すための。それなりの武器を備えていなければ、やられっぱなしじゃないですか。それでいいんですか」

そして、「自分の身は自分たちで守るしかない」「自分たちは防衛権を行使したいだけなのだ」といいます。

「あなたがたは重い病《やまい》に侵されている。『平和ボケ』という名の重い病に」という犯人。「あなたのほうこそ侵されてますよ。国防という名の流行病《はやりやまい》に」と応じる右京。

こんなやり取りをして、最後はどちらが正しいとも結論づけないで映画は終わります。

これは娯楽映画ですが、そこに含まれている「自分を守るために武装するべきではないか」という問いは、いまの私たちに現実感を持って迫ってきます。最近では、「もしも中国や北朝鮮（朝鮮民主主義人民共和国）から攻撃されたら」という不安感が、日本中に広まりつつあるからです。

本書で、政治的な話をするつもりはありません。しかし、まさにこの映画で犯人がいっている「自分を、自分の家族を、自分の国を守るとはどういうことか」を、一人ひとりが考えることは、とても大切です。そこで、このテーマについて、私の思うことを、本章でお話ししましょう。

あくまでも「私の思うこと」であって、それを押しつけようとか、誰かを批判しようとかという意図はないので、その前提でお読みいただければと思います。

「自分を、自分の家族を、自分の国を守るとはどういうことか」

私の考えるその答えは、本章のタイトルになっているとおり「争わない」です。「争わない、武装しないことが、自分を、自分の家族を、自分の国を守ることにつながる」というのが私の考えです。

かつてはクリスチャンであり、いまは仏教徒である私の口からそれをいうと、漠然とした宗教的な意味で「争ってはいけない」と主張しているようにとらえられるかもしれません。

しかし、観念的な意味やきれいごとでいうのではありません。考え抜いた戦略として、非武装・非暴力こそが強いのです。それはどういう意味なのか、以下に説明しましょう。

## 暴虐で成り立った国は長続きしない

「攻撃に備えて武装する」

「やられたらやり返す」

それを続けていたらどうなるか。いちばんよい例がイスラエルとパレスチナの争いです。歴史的にいろいろなことがあったにせよ、お互いに「やられたらやり返す」で、際限のない殺し合いを延々と続けています。あの方法では、決して本当の解決はありません。

「やられた、痛い、ぶち返す」というのは幼児のやり方です。せめて高校生くらいにはなって、話し合いで解決できるようにならなければ、何千年たっても変わらないでしょう。

どちらかが「もうやめました。お互い仲よくしようではないですか」といい出し、「私たちが安全にここに住むことを認めてください」「あなたたちはここに入ってきたのですから、しようがないですね。どうぞ」と、話し合いで国土を分けなければ、いまから先もたくさんの人が死ぬことになります。

大人が賢明な話し合いで、国土を分け合って共存すれば、子供たちは死ななくてすみます。子供たちを死なせないために武器を持つという考え方は、まったく反対なのです。

日本と中国も、いまよく考えなければ、同じところに足を踏み入れるかもしれません。

「中国の脅威に対抗するため、日本は武装するべきだ」という意見があります。その根拠にされることがあるのが、チベットに対する中国の攻撃です。

1949年、中華人民共和国が建国すると、八路軍《はちろぐん》（中国共産党軍）の兵隊たちは

## 第3章
＊
# 争わない

西へ西へと軍を進めました。長い日中戦争で疲弊《ひへい》した中国には、戦争が終わっても、たくさんの兵隊たちの生活を支えてゆく力がなかったから、チベットへ進攻したのです。

そして、軍隊もない仏教国チベットで、赤子の手をひねるように、おおぜいの人々を虐殺しました。１９７９年までに、チベットの人口６００万人のうち、約１２０万人が殺されたといわれています。チベットを征服した中国は、いまなお、チベット族とその文化・伝統・宗教を弾圧しています。

このチベットの姿が、「日本も武装しなければ」という気持ちをあと押ししている面があるようです。「日本人もチベットの人たちのように無残に殺されるかもしれない」「子供たちを殺されないためにも武器を持とう」と。

その脅威と不安はわかります。しかし、「相手に負けないために武器を持つ」という道を選んだとたん、際限のない殺し合いの世界に足を踏み込むことになるのです。

チベットの状態を見れば、「あんなふうになったらたいへん」と思うのも無理はありません。しかし、「平和的に、相手を殺さない」という原則を貫《つらぬ》くことによって、最終的には、それを貫いた側のほうが守られていくのです。それは、暴虐をふるう側のほうが変わっていくからです。

モンゴルの英雄といわれる有名なチンギス・カンは、周囲の国々を次々に武力で征服して巨大なモンゴル帝国をつくり上げました。しかし、「来た、こわした、焼いた、殺した、奪った、去った」といわれる戦闘ぶりによってつくった帝国は、その後の元《げん》の時代を含めても、わずか百数十年で滅《ほろ》びました。暴虐で成り立った国が長続きしないことの典型例です。

武器を持つ者は、自分が武器を持つこと自体の負担もあって、長続きせずに滅んでいくのです。戦争に注力していると、食べ物など、本当に必要なものの生産力は衰《おとろ》え、真の国力は低下していくからです。

武器を持ち、人を攻撃した分、今度は報復されるのではないか、国の中にも裏切り者が出るのではないかと怯《おび》えながら暮らさなければならず、そのこともジワジワと人々や国の力を奪っていきます。

ですから、武器を持つ相手に対して、自分も同じように武装しようと考えるのではなく、「武装しない」という考えを持ち続けることが何より重要です。いずれは必ず、そちらが大勢を占めていくことになります。

## お手本はガンディーによる非暴力主義

そのよい見本が、イギリスの支配下にあったインドが独立したときの過程です。

インド独立の父といわれるガンディーは、民衆に「アヒンサー」と称される「不殺生・非暴力主義」を呼びかけ、しばしば勉強会などを開いて、その真理を浸透させていきました。

これは、単に聖者として非暴力を貫けといったのではありません。ガンディーは支配や暴力に対峙《たいじ》する一つの戦略として、非暴力を貫くことを主張したのです。

ガンディーの著書『わたしの非暴力』（森本達雄訳、みすず書房）にはこうあります。

「卑怯か暴力のどちらかを選ぶ以外に道がないならば、わたしは暴力をすすめるだろうと信じている。（中略）けれどもわたしは、非暴力ははるかに暴力にまさることを、敵を赦すことは敵を罰するより雄々しいことを信じている。」

「アヒンサー［不殺生・非暴力］は最高の理想である。それは勇者のためのものであり、けっして臆病者には向かない。」（いずれも原文ママ）

暴力を用いる者に対して、それ以上の力を持つ手段として、ガンディーが非暴力を位置づけていたことがわかります。

また、ガンディーは、「〝目には目を〟は全世界を盲目にしているのだ」ともいっています。「やられたらやり返す」ことの虚しい本質をいい当てた言葉です。

実際に、イギリスからの独立を果たすとき、ガンディーの提唱に従ったインドの民衆は、一切の武器を持ちませんでした。民衆の暴動を恐れたイギリス軍が、集会場で発砲して数百人が虐殺されても、民衆は報復の暴力に訴えようとはしませんでした。

# 第3章
＊
# 争わない

ガンディーは、何度も投獄されながらも、非暴力による独立運動を貫き、やがて「塩の行進」と呼ばれる転機を迎えます。イギリスが塩を専売化し、インド人による製塩を禁じたことへの抗議運動として、弟子たちとともに自宅から海岸までの380キロを24日間かけて行進し、自《みずか》ら塩を作ったのです。

賛同する民衆によって、行進は数千人規模となり、人々は次々にとらえられて投獄されましたが、ひるまずに行進を続け、その姿が世界に報じられました。これをきっかけとして、ついにインドは独立を果たしたのです。

武器を持って支配する相手に、なぜ素手で行進をして、抗《あらが》うことができたのでしょうか。それは、けっきょく、暴力によって人は支配できないということが、ガンディーを支持するインドの人たちにはよくわかっていたからです。

いま、日本にいる私たちも、そのことを改めて心にきざむ必要があります。

日本が武装しないでいて、他国が攻めてきたら、最初は一定数の人が殺されるでしょう。それはさけられません。しかし、それでも相手を殺さない。それこそが大切です。

そうすれば、少なくとも反撃したときよりは、全体の死者が少なくてすみます。戦いの続く期間が短くてすみます。あとは必ず冷静に話し合うチャンスがやってきます。そういうやり方で、死者と苦しむ人を最少限に抑えるのが現実的な策です。

前章で、私は「インドのお年寄りの安らかな逝《い》き方が理想」といいました。しかし、もしも日本がいま述べているような事態になったなら、私はその最初の一定数の1人に、進んでなりましょう。

大原則は「殺さない」こと。相手が殺しても、こちらは殺さないことです。ガンディーは、確固としたその信念をインドの人に植え付けました。日本では、どうでしょうか。

武装して、相手を殺すことを主張する人が人々を引っぱっていくことになるのなら、それはそれでやむを得ません。いまは、その道に足を踏み込むかどうか、日本人が試されているときなのかもしれません。

第3章
＊
争わない

## 花は花以外のものでできている

いま、私の手元には、第1章で紹介したベトナムの高僧、ティク・ナット・ハンさんが書いてくれた1枚のカードがあります。そこには、英語で「花は花以外のものでできている」と書いてあります。

たとえば、一輪の花を見ると、9割は水分でできています。その水分は、もともとは地下水が湧き出て川になり、蒸発して雲になり、雨になって地上に降り、土にしみ込んだものですから、たくさんのもののエネルギーを含んでいます。

水以外にも、花には、土の中の養分に含まれるさまざまな元素が含まれます。酸素、水素、炭素、窒素《ちっそ》、カルシウム、リン、カリウム……。わずかなものまで入れると無数の物質が含まれています。

花がこれらを得るには、土、落ち葉の養分、バクテリア、雨、雨を降らせる雲、太陽の光、温度を調節する風、種、種を運ぶ鳥や虫……などなど、たくさんのものの力が必要です。

「花は花以外のものでできている」とは、そういう意味です。

人間も同じです。私は私以外のものでできています。あなたはあなた以外のものでできています。

たくさんの植物や動物を食べ、さまざまな成分を得て、たくさんの人や物からエネルギーを得て、あなたはできています。遠い祖先からあなたの祖父母、両親から受け継がれたものと、周囲の人や遠くにいるいろいろな人の影響とで、あなたはできているのです。

「争わない」「殺さない」という選択をするのは、すべてのものが、ほかの命、ほかのものに依存して生きているからです。雨が降って川が流れているから、私たちは水を得て生きられます。戦争のときには、それさえ忘れて、敵が飲むだろうと川の水に毒を入れたりします。やがては自分もその水を飲まなければならないのに。

# 第3章
＊
# 争わない

アメリカには、何百キロメートルもある巨大な核シェルターがあるそうです。核兵器を持つ国は、自分がいつか使うかもしれないから、他国もいつ使うかわからないと考えて、シェルターで身を守ろうとします。

しかし、これも川に毒を入れるのと同じです。核兵器が使われたら、シェルターの中でいっときは生きられても、いつかは外に出なければなりません。そのときには、外は放射能汚染で生きられない世界になっているでしょう。

自分は自分以外のものでできているから、生きているものはお互いを大事にして、循環しながら命がつながっていく世界を保つことが、いちばん幸せで安心です。相手を倒して何かを得る一方通行の生き方ではなく。

「やっつけることばかりなぜ考えるのか。私はあなた、あなたは私」とティク・ナット・ハンさんはいいます。

すべてのものは生々流転《せいせいるてん》（万物が絶えず変化し移り変わっていくこと）して、一瞬たりとも同じところにとどまらない。常に変化して入れ替わっているから、「あなた」と「私」の境界もない。全部が自分なので、人を攻撃することは自分を攻撃すること。だから、「自分」をいじめないようにする。これが基本的な仏教の教えです。

これは頭で理解しようとしてもむずかしいことです。「あなたと私は同じですよ」といわれても、「違うじゃないですか」といいたくなります。けれども、そういう基本を自分の中で大切にしていると、実感としてそれがわかる瞬間が訪れ、そういう瞬間がふえていきます。

ティク・ナット・ハンさんは、ベトナム戦争のさなかに40代の僧侶として、自分の仲間や人々がアメリカの爆撃で火だるまになって死んでいく様子をつぶさに見てきました。全滅した村の人たちを葬《ほうむ》り、供養していくなかで、仲間の尼《あま》さんがあまりのむごさとにおいに「ごはんが食べられない」というと、「こういうときにちゃんとごはんを食べられないといけない。この死体はあなたと同じもの。汚いとか、くさいとかいうことはない」といったそうです。

アメリカはどんな理由でベトナムに人を殺しに来たのか、納得のいく正当な理由もなく、やられっぱなしだったので、彼は苦しみ抜きました。そのなかで、「人間は相互に依存して生きている。依存していない人はいない。だからアメリカの人を憎むこともない」という立場を貫きました。

「花は花以外のものでできている」という言葉には、そんな意味も込められています。

## 「すべては空」とはどういうことか

「すべてのものは生々流転して同じところにとどまらない」ということを、仏教では「空《くう》」といいます。「空」といっても空っぽで何もないということではなく、絶えず離合集散して入れ替わっているという意味です。

私がこの言葉に出合ったのは、中学3年生のときでした。当時、自分でどうすればよいのかわからない苦しみの中にあった私は、「空」という言葉によって救われたのです。

そのころ、私は『アンネの日記』（アンネ・フランク著）や『夜と霧』（ヴィクトール・フランクル著）を読んで、ナチス・ドイツによるユダヤ人の大量虐殺のことを知りました。おおぜいの幸せな人たちを狩り出して貨車に乗せ、シャワーと偽った毒ガスで殺し、焼却場で死体を焼く。一人ひとりの命や感情や生活が珠玉《しゅぎょく》のように大事なのに、それを何百万という天文学的な数ほど抹殺していく。「人間に、なぜそんなことができるのか」と絶望的な気持ちになりました。

それより前に、原爆のことも東京空襲の悲惨さも知りましたが、とくにナチスの行為のひどさには打ちのめされました。「自分もあの人たちと同じ人間なのだ」と思うと、人間であることがいやになり、人間でなくなるには死ぬしかないと思うようになりました。

いま思うと、受験期の不安定さもあってのことだったのでしょう。「どうやって死のうか」。それればかり考えていました。

「はじめに」でふれたように、実家は教会で、13歳で洗礼を受けてクリスチャンになっていましたから、救いを求めて必死に聖書を読みました。しかし、私の場合は、そのなかで救いに出合うことはできませんでした。

そんなとき、書店の仏教書のコーナーで手に取った本をパラパラとめくっていると、「空」という字が目に飛び込んできました。それは「般若心経《はんにゃしんぎょう》」の解説書でした。一読して、衝撃が走りました。「これだ、これが救いだ」と思ったのです。

この世のすべては、たとえば海に漂う藻《も》くずが一ヵ所で濃くなってできているような存在で、しばらくすればまた散らばって別のかたまりになる。これが「空」の意味だと説明されていました。

「あらゆるものが空なのであれば、いろいろな現象、悲惨な現象に、ここまでとらわれて苦しまなくてもいいのかもしれない」と、そのときの私は解釈しました。すると、心がスーッと鎮《しず》まりました。仏教との出合いでした。

キリスト教で救われる人もたくさんいるので、相性やタイミングがあるのだと思います。真理は一つで、宗教・宗派による垣根も本当はないのだと私は思っています。

ただ、大学の講義で自分にとってわかりやすい先生がいるように、私にとってはブッダの教えがわかりやすく親和性を感じるものだったのです。

「あなたは私、私はあなた」であるのも、いっさいが空だからです。海の中で藻くずが、あるいは宇宙空間でガスが、いっとき濃くなって人間の形をしているのが私やあなただとしたら、その境界線はあやふやで、向き合って話すうちに、あなたと私の素粒子《そりゅうし》（物質を構成する最小の単位）は飛び交って相当に入れ替わるはずです。

実際に、いっしょにいていい気分になったり、いやな気分になったりするのは、素粒子が交換されているからでしょう。素粒子は小さすぎて物質としては確認できず、ただ波動《はどう》だけが確認できます。私たちは、つきあう人たちと絶えず波動を交換しながら生きているのです。

「あなたは私、私はあなた」の境地に、私はまだ完全には到達していませんが、瞑想《めいそう》をしていると、そのことが真にわかるときがあります。

また、私の家を訪れる人の波動を先にキャッチすることもよく経験します。どういうことかというと、「なんだか胸のこのへんが痛いな」と思っていると、胸のそのへんが痛い人がやって来ます。なぜかウキウキして楽しい気分になっていたら、ウキウキして楽しい人がやって来ます。なぜか気分が落ち込むと思っていたら、うつうつとした人がやって来るという具合です。

これは特別なことではなく、少し敏感《びんかん》な人なら日常的に経験しているのではないでしょうか。

そんなふうに考えていくと、「すべてが自分」ということも、少しわかりやすくなってきます。

戦争が起こる前には、「相手は自分たちとはこんなに違う」ということが、いろいろな場面で強調され、世の中に広まっていきます。同じような考え、同じような感覚を持つ者同士は戦いにくいので、違いが強調され、「だから共存できない、攻撃してもいい、攻撃するしかない」というところに持っていこうとする力が働くのです。

その力に、取り込まれないようにしたいものです。人間は一人ひとり違い、また、地域や国や民族で違いがあるのは当然です。しかし、それでも、目を高く広く持てば、「あなたは私」なのです。

## 誰かが正しいことをいい続けるしかない

「自分の国や自分の家に爆弾を落とされても、そういい続けられるのか」と思う人もいるかもしれません。

「そういい続けるしかない」と私は思っています。

自分の思いどおりにしようと、他国に爆弾を撃ち込んだり、撃ち込まれたからと撃ち返したりするのは、どんなに「国家のため」「家族のため」と理由をつけても、先述したように幼児並みの考え方です。

「せめて高校生くらいにはなってくださいよ」と語りかけていくしかありません。爆弾を投げられて、「殺されるから投げ返そう」ではなく、「そういうことをしてはいけないよ。私もあなたのことを大事にするから爆弾を投げ返さない。あなたも人を大事にしないと、あなた自身、生きていけないよ」と根気強く伝えるしかないのです。

時間がかかってもやむを得ません。被害を受けながら、粘り強く、辛抱強く待つのが、自分の安全のためにも最もよい方法です。相手が変わることでこそ、本当の安全・安心がやって来るからです。

攻撃に対して、幼児の反応で仕返しをしたら、泥沼に踏み込み、いつ果てるともわからぬ争いを続けることになります。誰かが正しいことをいい続けるしかないのです。たとえ殺されても。

殺されるということを、それほど恐れる必要はありません。究極的に死を恐れると、「殺されないために」ということが最優先になり、「自分さえ（自分の家族さえ、自分の国さえ）助かれば……」となっていきます。

「あなたは私、全部の要素でできている」と知れば、「自分さえ」ということはあり得ないことがわかります。「殺されないために」を最優先にする意味はないのです。

それを最優先にしていても、せいぜい数十年の違いであって、すべての人が100%死にます。どうせ死ぬのなら、堂々と正しいことをいって殺されたほうが、ビクビクして10年、20年生きるより、断然よいではありませんか。

今生《こんじょう》（いま生きている生）でやり残したことがあるなら、生まれ変わってからじっくりやればよいのです。今生で学んだ分、ましてや死ぬ瞬間まで自分を貫いた分、来《らい》世《せ》（次に生きる生）では楽しくやりたいことができるでしょう。

## 戦争の本当の原因は武器商人

「戦争をしたくてする人はいない。国や民族、宗教の誇りをかけて、戦わざるを得ないときがある。正義の戦いもあるのだ」

そういう意見もあるでしょう。しかし、すべての戦争は、そのように思わせているおおもとが存在します。それは武器を売ることでもうけを得ている人たちです。

# 第3章
＊
# 争わない

「武器商人」などというと、言葉の響きが時代がかって聞こえるかもしれませんが、いまこの時代にも、武器商人たちは大活躍しています。「株式会社・戦争兵器」とか「武器の〇〇商店」とかというわかりやすい名称ではないから目立たないだけです。

既存の産業のなかには、その気になればたちまち武器に転換できるものがたくさんあります。自動車メーカーは戦車を、農機具のメーカーはキャタピラを、鉄鋼など重工業の会社は鉄砲、大砲、軍艦などを造ることができます。

武器は、国が税金を使って際限なく買うので、売ればとてももうかります。そのもうけを得ている会社こそ、隠れた戦争の原因なのです。

ルワンダの内戦は、ツチ族とフツ族の部族同士の抗争により起こったと思われていますが、実は武器商人が巧みに戦わざるを得ないように事を運んだのです。

「ツチ族はフツ族を滅ぼそうとしている」とフツ族に吹き込み、逆のことをツチ族に吹き込んで、「怖い、滅ぼされたらたいへんだ、武器を持とう」と思うように仕向けたのです。

「では、あなたがたに少し安く武器を売ってあげましょう」と持ちかけ、武器を買わせます。敵側にも同じことをいって買わせるので、戦いは延々と長引いて終わりが見えなくなります。

パレスチナ問題にも、もちろん武器商人が深くかかわっています。

イスラエル系の武器商人がアメリカで製造会社を持っており、自分の国に買ってほしいので、イスラエル側に武器をたくさん供給します。ところが、あきれたことにパレスチナ側にも売っているのです。自分の国だろうが、敵だろうが、もうかればそんなことはどうでもよいのです。

自分はイスラエル側の人間であるにもかかわらず、パレスチナ側に「イスラエルは怖いよ。この武器を持ちなさい。安く売るよ」と持ちかけて買わせるのです。

ウクライナも、本当は戦争などしたくはなかったはずです。とても成熟した国なのに、武器を使わせる商人たちがうまくあおり立てて使う気を起こさせました。

この連鎖は、いったいいつ終わるのでしょうか。「相手より強くならなければ。自衛のために武器を持たなければ」と思ったとたんに、彼らの術中にはまり、際限ない殺し合い、際限ない不幸が続いていくのです。おそらくウクライナもパレスチナと同じ状態になっていくでしょう。

昔の戦争は、食料がなくなったときに、やむを得ず部族間で奪い合うことで起こりました。本当の意味で生きるための戦いでしたが、いまの戦争は違います。回避しようと思えばできるのに、しないで突き進んでいきます。それは、そうすることでもうかる人たちがいるからです。

現在の戦争は、すべて背後にこういった事情があり、例外はありません。たきつけられて「武器を持とう、武器を持とう」と考えるのは自滅への道です。核兵器はとくにそうです。ネズミが海をめざして、いっせいに走っていって死ぬのと同じです。

どんなことを吹き込まれ、たきつけられようとも、武器を持たずに両手をあげる勇気こそが、彼ら武器商人の術中にはまらずにすむ道なのです。

## 全体が幸せに生き続けられるしくみを

「自分がやられないために、あるいは自分が潤《うるお》うために侵略や攻撃をする」というやり方では、けっきょく、自分たちの安心・安全は得られません。一時的にうまくいったように見えても、いずれは何かの形で報復を受けたり、めぐりめぐって自分たちが困ったりします。

自分たちだけでなく、全体が幸せに生き続けられるしくみが必要です。日本はそのお手本になる可能性が高い、と私は思っています。

お互いに侵略や攻撃をしないためには、コンパッション（平等で純粋な慈愛。くわしくは97ページを参照）を持つことが基本ですが、同時に重要なのが経済のあり方です。

私は、大学では経済・経営を学びました。戦後日本を代表する経済学者として知ら

## 第3章
＊
## 争わない

れ、文化勲章を受けた大塚久雄《おおつかひさお》先生に直弟子として師事しました。

大塚先生の経済学の考え方に従えば、誰かが誰かを経済的に支配するということは起こりません。その基本は「自分が属している地域の中で成り立つ経済」にあります。たとえば、字《あざ》や村、島といった単位で自給できることを、最も大事な経済の基本と位置付ける考え方です。

逆にいうと、ほかの地域、ましてやほかの国にたよらないと生きていけないような経済はよくないということです。他国にたよる経済では、他国の支配を受け入れることになるからです。インドの独立にさいしてガンディーは、「スワデシ（国産品愛用）の先にスワラージ（自治・独立）がある」と説きました。そのことにも通じる考え方です。

この点で、いまの日本の最大の問題は、食料自給率が約4割（39％：2011年度、農林水産省、カロリーベース）だということです。食料を輸入している国に災害などが起こったり、経済封鎖されたりすれば、日本はたちまち食料がなくなって追いつめられます。

基本的に、食料の自給率は少なくとも100%を保つ必要があります。世界には、自給率が200%を超えるカナダ、オーストラリアをはじめ、約130%のフランス、アメリカなど、食料を他国に輸出している農業国があります。

日本は、農業にはあえて力を入れず、集約的に行える工業のほうがもうかるので、主に工業でGDP(国内総生産)を上げています。農業に力を入れて自給率を上げるより、「工業の生産量を上げて他国に売り、そのお金で他国の農産物を買えばよい」と考えているわけです。

しかし、それは抽象的な机上の論理だと私は思います。農業でも工業でも、数字上は同じようにGDPを上げますが、国を守る意味では大きな違いがあるからです。

他国の生産が、干ばつや台風、洪水などで下がったら、当然、自国の消費を優先するでしょう。また、日本に打撃を与えたり、何か有利に交渉ごとを進めたりするのに、外国からの食料供給が利用される危険性もあります。食料を輸入している相手の国が敵国になる可能性もないとはいえません。

「他国から攻められたら」と、武装の必要性をいう声が大きい割に、食に関するこうした危険性は放置されています。国にとって大切な食の大部分が外国依存では、いかにも足元が脆弱《ぜいじゃく》です。

安心して暮らすには、最低でも自給率を100％にしたいところです。武器を持つよりも、農業にしっかり力を入れていくことが、真の国力を高めることになるのではないでしょうか。

日本は戦後70年、まさに「争わない」を貫いてきた国です。間接的には、アメリカの起こした戦争の手伝いをするなど、さまざまな問題はあるにせよ、少なくとも直接的に他国の人を殺していません。かつての戦争での加害の事実を反省し、原爆をはじめとする被害の事実を抱えて、日本が選択したこの道は正しいと私は思います。

武器を持つよりも、食料自給率という足元を固め、「不戦」を世界に発信する国になってほしいと思うのです。

# 自由に生き、かつ争わない

「争わない」というテーマで、国の争いのことを中心に述べてきましたが、個人的な日常の中でも、「争わない」を貫ければ、そのほうが安らかであるのはもちろんです。

日常生活で「争わない」「戦わない」コツは、人を批判しないことです。人と話していて、自分と違う意見だと、相手を批判したり、説き伏せようとしたりする人が多いのですが、それをやると争うことになってしまいます。

「あなたのお考えはそうですか。あなたはそういう人なのですねえ」と受け入れればよいのです。だからといって、自分の考えや行動を、人に支配される必要はありません。誰かに迷惑をかけない限り、自分を貫けばよいのです。「人は人。自分は自分」と割り切ることは、逆説的に聞こえそうですが、「争わないこと」につながります。

私はこの年まで、紆余曲折《うよきょくせつ》の多い道を、好き勝手に生きてきました。わがまま放題にしてきたという意味ではなく、自分にとっての自然な流れを大切にしたら、結果的に寄り道や回り道の多い人生になったのです。そのたびに、いろいろな人にいろいろなことをいわれましたが、人を傷つけないように工夫しながら、ことさら人と争うこともせず、自由に生きてきました。

「争わない」を貫くには、どんなに自分が正しいと思うことでも、誰かと衝突しそうになったら、一定のところでサッと引くことも大切です。正しさをひととおり主張はするが、それ以上、相手を説き伏せようとしないという姿勢です。

長く裁判官をやってきた私ですが、2014年に弁護士登録をしました。沖縄県名《な》護市辺野古《ごしへのこ》で計画されている、新たな米軍基地の建設計画に関する訴訟の代理人になるためです。基地は「敵国」の人々を殺すために存在します。人は、殺すことも殺されることも許されていないのです。

また、きれいなサンゴやジュゴンのいる海で、コンクリートの航空基地を造れば、それらは死んでしまいます。「戦争をしない世界を実現し、この海をきれいなままに残したい」という思いで、弁護団の1人に名を連ねたのです。

しかし、彼らがそれでもやるというのなら、「いずれ必ず気がつくときが来る」と考えて、それを待ちます。

私は、この海が戦争の道具である基地には決してなり得ないということを知っています。それが、この美しい大自然を創造した大宇宙の意志だからです。

私がそう確信するのは、地球や宇宙に対する絶対的な信頼のゆえでもあります。宇宙の意志に反することは現実化できません。たとえば、宮古《みやこ》列島の大神島《おおがみじま》で周遊道路がどうしてもできなかったという事実が、その一例です。もし、仮に工事を強行したとしても、300年もたてば、コンクリートは波ではがれ、その上にまたきれいなサンゴが卵を産み、必ず元に戻っているでしょう。「地球の力なら、彼らがいくら何をしても必ず元に戻るから」と思っているのです。

私はこの考え方を、ネイティブアメリカンから学びました。アメリカに行って、先住民族の権利のために活動しているデニス・バンクスさんたちと親しくなり、ミネソ

第3章
＊
争わない

タにある彼らの家で暮らしたとき、そういう話をしました。
「あなたたちは居留地に追いやられて、ひどい目に遭《あ》いましたね。北米では白人が移住してきてから、原生林の95％が切られ、5％しか残っていないそうですね」と私がいうと、「ああ、大丈夫ですよ、そんなこと。必ず元に戻りますから」といって彼らは笑っていました。

私は、短期間のことだけ考えて、くよくよすることはないのだなと、そのときわかりました。「地球のほうが強いよ」と、彼らはいいました。

辺野古も同じです。「そんなことやめなさいよ」とはいいます。しかし、それ以上は争わないのです。万が一、工事が強行されても、300年後に生まれてくる子供たちは、再生した美しいサンゴの海を見ることができるでしょう。

国の不戦と個人の不戦は、一見、次元が違うようですが、一人ひとりが少しずつ視点を高く、広く、よい意味で少しゆるく持つことが、けっきょくは国の不戦にもつながるのではないでしょうか。

付章＊

# いまを生きる16の知恵

## 生きることは楽しいこと、大きな意味のあることです。

あるとき、ふと思い立って「いまを生きる」と題した文を書いてみました。日々感じていること、心にわき上がること、瞑想《めいそう》をしていてわかったことなどを、意識に浮かんでくるままに書くと、16の短文が出来上がりました。

沖縄で行っている瞑想会で、これを参加された人たちに配ると、みなさん喜んでくださいました。生きる指針とか教えとかというより、「私はこうしてきました・こうしています」という自己紹介のようなものなのですが、何かの参考になればと思い、本書の最後に付すことにします。

これを通じて、生きることは楽しいこと、大きな意味のあることだと感じていただければ幸いです。

付章
＊
いまを生きる16の知恵

# いまを生きる16の知恵

## ①　川の水のように自然の流れに沿う

これを生きる姿勢の基本にしましょう。

人は自然の存在だから、自然に反することをすれば必ず障害が生じます。草食動物であるウシに肉や骨を食べさせると狂牛病になります。ウシは草を食べるのが自然だからです。

幼い子供に無理に文字を覚えさせたり、成績がよいからといって志望に反する学校に行かせたりすると、心の病《やまい》になる場合が多いのも、子供の自然に反するから。大人でも、したくないことを無理にしたり、がまんを続けたりしていると、ガンなどの病気を引き起こします。

他人にすすめられたからといって、したくないことをいやいやしてはいけません。

したいことは天の命令。したくないことは天の禁止。したいことをしましょう。

## ② 自分の中のかすかな息吹を感じる繊細さを持つ

何が自然かを知るには、敏感《びんかん》であることが必要。自分の中に生じるかすかなサインを見逃さないように。いやなことをいやだと感じる繊細さが大切。多くの人は、自分の心を偽ることでうつ病になります。

会いたくない人がいたら、それなりに理由があるはず。出席したくない会合には、出席するとエネルギーが落ちる事情があります。行きたくない場所には、何か行くべきでない理由があります。つきあいたくない人とは、つきあうべきでない事情があるのです。

自分にはわからない何かの事情で、「行きたくない」「会いたくない」などの気持ちが起こっているのだから、自分の気持ちに従うのが正解です。

複数の選択肢の間で迷うときは、自分の心の奥底から湧き出てくるものが大きいほうをとりましょう。

## ③　他者と同じ息吹の中で生きていることを感じる

自分の奥深いところでのかすかなサインに気がつく人は、他者の発するサインにも敏感です。

よく「空気を読む・読まない」といいますが、読むのはとても大事なこと。人がどういう思い、感じ方をしているか、口に出さなくともキャッチしましょう。

自分の態度が人を傷つけているかどうかに気づく。精神的な意味で相手を心地よい状態にする。子供のころから親がそのように仕向けましょう。

お菓子をもらったら、友達にも分ける。悪口をいったら人が傷つくことに気づく。人をなぐったら、自分は痛くないが、相手は痛いことに気づきたいものです。

## ④　興味のあることに集中する

夢中で何かをするときには、強いエネルギーが生じます。集中力のパワーは偉大です。気が散漫な人は、大きなことはなし得ません。「人間の思いは木を跳《と》びはねるサルのように動いている」といわれますが、それを一つのところに集中させましょう。

これは、作家、芸術家に限らず、すべての場合にいえることです。主婦がおいしい料理を作るのも、集中力のおかげ。何かに集中している子供に「勉強しなさい」といって興味のあることを中断させていると、けっきょく、持っている能力の多くを喪失させることになります。

アインシュタインもエジソンも学校では劣等生でした。したいことをさせておきましょう。

## ⑤ 不安や恐怖を持たない

不安や恐怖を持つ人は、同質のエネルギーを引き寄せて、不安や恐怖を現実化してしまいます。

いじめられないかと、ビクビクしている子供に限っていじめられるものです。堂々としている子供の放つエネルギーは、いじめっ子を敬遠させます。

心配ばかりしていると、その対象に意識を集めるので、それが現実化するのです。自分のへそくりが盗まれないかということばかり心配している人は、へそくりのある場所に意識がいくので、人の意識にそれが影響して、発見されやすくなるのです。

## ⑥喜びを持って生きる

身のまわりに起こるあらゆることは、自分にとってベストなのだという思いを持っていれば、悪いことは起こりません。すべてが喜びとなります。

一見、悪いことに見えても、それが自分にとって必要だから起こったのだと考えましょう。事故や病気に見舞われたときでも、それによって人間的に成長できるという側面を重視するのです。

宇宙意志には「いい・悪い」も「幸福・不幸」もありません。悪く見えることにも意味があります。「いやだ」と思えばつらくなります。受容して静かに受け入れるとらくになり、喜びに変わります。

## ⑦ 感謝を持って生きる

地上に生きているのは、奇跡のようにまれな機会であると科学者はいいます。何億という精子の一つと卵子が結合し、うまく出産までこぎつけるのは、並大抵のことではありません。どんな親であっても、地上に生を享《う》けさせてくれたことに感謝しましょう。

聖書に「常に喜べ、絶えず祈れ、すべてのことに感謝せよ」という言葉がありますが、まさにそのとおりです。

小さな花や虫も、よく見れば驚くほど精巧で美しく、尊《とうと》い奇跡であることがわかります。自分の体を意識すれば、呼吸している自分の肺、動いている内臓、すべての器官、細胞が奇跡であることがわかります。すべてはミラクル、ワンダーだということに気がつけば、感謝の念がわき上がってきます。

## ⑧風や太陽や月や星の語りかけを感じる

気がつけば、お日様や月や星は、天にあって人間を見守り、語りかけています。それは、無限の宇宙からの呼びかけです。

人間も無限に広い可能性を持つ存在であることを語りかけています。狭い家庭や地域や職場だけに心を閉じ込めることなく、無限大の宇宙の進化と自分がかかわっていることを意識しましょう。

狭い意識にとらわれそうになったら、空を見上げてください。大自然と宇宙に思いをはせ、風、太陽、月、星々からのメッセージを受け取りましょう。

## ⑨木や草や花や石と語り合う

地上の木や草花は、意識を持ち、やさしい気を放っています。生命体として人間と同質なのです。植物はとくに地球の意識を伝える媒体ですから、人間に限りない癒《いや》しの波動《はどう》をもたらします。ときには、母親にも勝る包容力で私たちを迎え入れてくれます。

さらに、植物は人に食べられることも受容しています。いまの姿形はなくなっても、その人の養分となり、形を変えて生き続けることを知っているのです。

最近は、岩石なども意識を持っていることが明らかになりました。石は生きています。宇宙の波動を媒介します。とくに、水晶《すいしょう》や石英《せきえい》などはその力が強いようです。

## ⑩ 人が喜ぶことを考える

人が放つ喜びの波動は、まわりの人々のエネルギーを活性化します。笑顔が大切というのもこの意味です。「情けは人のためならず」というのも同じことを指します。人を悲しませたり、苦しませたりすることは、自分にはね返るのです。

「人を呪《のろ》わば穴二つ」というのは道理です。憎しみや怒りは多くの毒気を出しており、まわりの人だけでなく、出す本人も毒気を吸って心身を蝕《むしば》まれます。

人を喜ばせて生きている人は、結果的によいエネルギーを自分が浴びることになり、健康で長生きします。

人を優先する人は、大いなる利得を得ていることになります。

## ⑪ 心を静かにする時間を持つ

いつもおしゃべりで忙しい人は、自分の心の声に、静かに耳を傾けることの大事さを知る必要があります。おしゃべりの好きな人は、せめて30分でも沈黙して、心を鎮《しず》めましょう。

毎日、心静かに過ごす時間を持っていると、何か事が起こったときもあわてないで静かにいられます。いつどんなときも、そんな人が一人いれば、まわりも静かになれます。

日々、瞑想をするのもさらによいでしょう。

良寛《りょうかん》和尚は、親しい友人に宛てた手紙に「死ぬる時節には死ぬがよく候《そうろう》」としたためました。そんな静かな気持ちで死も迎えたいものです。

＊巻末の「瞑想の手引き」を参照。

## ⑫ 物をへらしてさわやかな環境にする

物もすべて私たちに語りかけています。いつもたくさんの人に囲まれて話しかけられていると、静かな時間が欲しくなるのと同じように、周囲に物が多すぎると疲れやすくなります。物もエネルギーを出しているからです。それを作った人、運んだ人、かかわった人のすべての念がエネルギーとなって発せられているのです。

物が少ない環境で生活すると、気持ちがさわやかになって落ち着くことができます。身のまわりに置く物、使う物も、自分の波動に合うものを選ぶと、さらに心地よく過ごせます。

## ⑬ 天然の環境のもとで少量の食事をする

天然自然に勝る心地よい素材はありません。それは、天からの恵みそのものだからです。住まい、衣料、食べ物など、すべてについて、できるだけ天然自然のものを選びましょう。

素材だけでなく、染料や添加物なども人工のものをできるだけさけたいものです。人工のものの多くは、他者を傷つけます。化学繊維は健康にも環境にもよくありません。農薬で汚染された食べ物は健康を害します。化学物質の多い家は、シックハウス症候群《しょうこうぐん》という症状を引き起こします。

3人に1人いるといわれる子供のアレルギーは、すべてこの人工の物質の影響によるものです。

## ⑭ ゴミを出さない

すべての天然の物を使いきりましょう。昔のチベットやネイティブアメリカンの生活がそうでした。ムダがなく、すべてを控えめに感謝して利用しました。

わなにシチメンチョウが5羽かかっても、4羽は逃がす。その1羽も隅々まで役立てる。肉、骨、歯、皮、ふん、爪、乳。ヤクを解体するときも、爪の先から毛の1本まで使いきりました。

物も捨てられたくないのだから、最後まで使いきりましょう。服は破れるまで着たら、ぞうきんにして使えなくなるまで使いましょう。

## ⑮ 金や物や地位が自分を幸せにすると考えない

自分、他者、すべて存在するものが、喜びと幸せを感じて生きていることこそ、自分の幸せです。そういう本来の価値観が、平和と安らかさを創るのです。

他国の石油で自己の利益を追求しようと、戦争をあえてするものは、不幸の極みです。そのようにして金持ちになり、豪邸に住み、高い地位にあるということに価値はありません。他者の不幸の上に存在するそれらのものに価値はないのです。

戦争は暴力で他者を屈服させるという思想を土台に持ちます。本当の幸せとは無縁です。

## ⑯ 他者の生き方を肯定する

一人ひとりが絶えず進化成長の旅をしています。進み方が遅れている人を悪くいってはいけません。自分もかつては遅れていたのだから。すべての人の生き方や選択を、その人のありのままの姿として肯定しましょう。

すべての人は自分の考え方を否定されたくありません。「認めない」といわれると、否定的なエネルギーを受け取って生きにくくなります。

「自分はこういう意見、あなたはそういう意見ですね」と、違っていても否定しないで肯定する。そして、自分は自分の道をしっかりと歩みましょう。

これ以外にも、生きるうえで何が大切か、あなた自身が考えて付け加えてください。

# 瞑想の手引き

初心者でも行いやすい瞑想の手引きを、参考までに付記しておきます。

正座でもあぐらでもよいので、背すじを真っすぐにしてください。あぐらのときはニつ折りにしたざぶとんをお尻の後ろのほうに、正座のときは小さい枕などをお尻の下に入れると座りやすくなります。大事なのは、頭のてっぺんから尾骨《びこつ》までを真っすぐに保つことです。

そして、肩の力を抜き、両手はだらんとさせてひざの上に置きます。手は組んでも組まなくてもかまいません。

目を閉じ、眉と眉の間の少し上を内側から見る感じにして、そこに意識を向けます。雑念が起こったら、起こるにまかせますが、それについて考え込まないで、別の雑念にどんどん移っていきます。空の雲が流れるように流します。

口は閉じて鼻で静かに呼吸します。吸う息は短めに、おなかがちょっとふくらむ感じにします。吐《は》く息は長くし、背中のほうまで引っこむ感じにします。むずかしく考えなくても、「そういう感じ」というだけでけっこうです。

このように瞑想していると、意識を向けている眉間《みけん》の近くに、光が見えることがあります。そうしたら、その光を見ます。すると、とても心が落ち着きます。

行う時間は、5分でも10分でも30分でもかまいません。続けたいなと思えば続ければよいし、あきたなと思ったらやめてけっこうです。

終えるときは、両手を胸の前に合わせて、宇宙全体に向かって「ありがとうございました」といいます。自分が生かされていて瞑想ができたことを宇宙に感謝します。

瞑想をしてどんな変化があるかは、人によってときによって違います。気持ちいいときもあれば、高揚感にひたるとき、やってもどんよりしているときもあります。

目的を持ってやったり、効果を期待してやったりしないでください。目的を持たずに、何が出てくるかわからない玉手箱を開けるような気持ちでやるとよいかもしれません。

ちなみに私の場合は、長く続けているおかげか、瞑想をするとスッときれいな光の中に入って、気持ちよくなれます。山の中の湖の前に1人で座っているようなしんとした状態です。透明感のある世界に入ってモヤモヤがなくなります。

瞑想は誰にでもできます。気らくにやってみてください。

# おわりに　～食べること、死ぬこと、争うこと――やめました～

明治生まれの私の母は、武士の家系で、キリスト教とは何の縁もありませんでした。ところが、愛媛県松山市の県立女学校を卒業して教師をしているときに、たまたま訪れたキリスト教の宣教師の話を聞き、キリスト教の信者になりたいと、大阪に出てその宣教師の家のお手伝いさんになったのです。そして、京都に同志社大学があったので、その神学部に入学しました。

神学部で紅一点だった母は、そこで父と出会いました。父は佐賀県の庄屋の生まれでしたが、家が破産したのち、北海道に渡り、小樽《おたる》高等商業学校在学中にキリスト教に入信し、牧師になると決心して京都へ行き、アルバイトをしながら同志社大学に通うことにしたのです。

2人は恋に落ち、妊娠した母は大学を中退して子育てをすることになりました。そのとき生まれた長女を筆頭に、二男四女に恵まれ、その末っ子が私です。

父は大学卒業後、東京都港区の霊南坂《れいなんざか》教会の副牧師になり、その後、自分の手で東京山手教会をつくりました。普通、牧師は既存の教会に招聘《しょうへい》されることがほとんどですが、父は思いどおりに伝道したいので、自分で教会をつくったのです。東京にキリスト教の精神を広めるという目的を持って「東京山手教会」と名づけました。気宇壮大《きうそうだい》な、いつも夢を持っている人でした。

母は子育てが一段落するころ、妊娠で頓挫《とんざ》した夢をかなえるため、再び牧師の試験に挑戦して受かり、晴れて東京山手教会の副牧師になったのです。

ギリギリの資金で教会を建て、貧しさの中で一家8人が暮らしました。そのなかで、6人の子供たちは思い思いの大学に進学し、奨学金とアルバイトで得たお金を工面して卒業し、社会に羽ばたいていきました。

戦後の貧しい食卓には、サツマイモやトウモロコシがたくさん並んでいました。いま思うと、種類も量も、とても体によい食事でした。私が自然に少食や菜食に導かれていった土台は、この時代に築かれたような気がします。

父は、日本のあちこちや世界で伝道しながら、援助活動を盛んにやっていました。国内外に大きな災害が起こると、いち早く現地の教会とコンタクトをとり、信者さんたちから集めた支援物資を送るのです。

いま、父と母の歩んできた道を思うと、「自分にとっての自然な流れを大切に生きる」という私の生き方は、多分に両親から受け継いだものなのだとわかります。

ありがたかったのは、私が仏教に傾倒していっても、父が何もいわなかったことです。

私が律儀に出ていた日曜の礼拝への出席が不規則になり、やがてまったく出なくなっても、ひとこともとがめず、いっさい強制はしませんでした。

私は、いつも「一人ひとりが最高の神、その人の支配者はその人」と思って人と接していきます。これは、頭で理解してそうなったのではなく、気がつくと、そういう考えが底流に流れていたのです。

お釈迦《しゃか》様は、亡くなるとき、「私のいったことにたよるな」といいました。「自分自身を法としなさい」「自分にたよりなさい」「それぞれの中に仏がある」といったのです。「私の言葉が正しいのだから、いうとおりにしなさい」とはいわず、「私にたよらず、自分にたよれ」と。

私は、両親の生きざまからも、有形無形に同じメッセージを受け取ったような気がします。

本書は、「食べること」「死ぬこと」「争うこと」について、「やめる」という私自身の意思を語ったものです。これまで生きてきて、気がつくと私の中に育っていた、三本柱ともいうべき感覚です。

ちょっと考えると、三つとも、「やめることなどできない。できるわけがない」と思われそうなことばかりですが、私としては「やめる」方向に向かうことがごく自然な流れでした。

「一人ひとりが最高の神」であり、「それぞれの中に仏がある」のですから、やめない自由もやめる自由もあるわけです。本文の中でも何度か述べてきましたが、「やめること」をむやみにすすめるつもりはありません。「そういう生き方もいいな」と思う人の参考にしていただければ、と願うだけです。

波乱と起伏に富んだ私の人生は、まだまだ何があるかわからない局面を迎えています。インドに仏教の総合的な研究所を建設する計画があるので、その事業を手伝ってほしいという依頼が舞い込んだのです。

私は、昔、『西遊記』に出てくる三蔵法師《さんぞうほうし》が学んだインドのナーランダ大学のような大学を、現代の世界に再建できたらいいなと考えていたので、喜んでこの提案をお引き受けすることにしました。そのため、「はじめに」にも書いたように、目下、インドと日本を行ったり来たりする生活を送っているのです。

本書を刊行するにあたり、マキノ出版書籍編集部の狩野元春編集長、フリーライターの松崎千佐登さん、カメラマンの富田浩二さん、デザイナーの藤田美咲さんには、ひとかたならぬご尽力をいただきました。心から感謝申し上げます。

本書は、私にとって初めての著書です。ちょっと変わった経歴のこんな僧侶の話が、何かに役立ったならとても幸せです。

2015年、春光

著者記す

# おわりに

## 参考文献

『食べない人たち』 秋山佳胤・森美智代・山田鷹夫共著 マキノ出版
『食べること、やめました』 森美智代著 マキノ出版
『誰とも争わない生き方』 秋山佳胤著 PHP研究所
『リヴィング・オン・ライト』 ジャスムヒーン著 埴原由美訳 ナチュラルスピリット
『死もなく、怖れもなく』 ティク・ナット・ハン著 池田久代訳 春秋社
『人は死なない』 矢作直樹著 バジリコ
『わたしの非暴力』1・2 マハトマ・ガンディー著 森本達雄訳 みすず書房
『ガンジー自立の思想』 M・K・ガンジー著 田畑健編 片山佳代子訳 地湧社
『あるヨギの自叙伝』 パラマハンサ・ヨガナンダ著 森北出版

稲葉耶季（いなば・やすえ）

1942年、東京都生まれ。67年、東京大学経済学部経済学科卒業。69年、同大学同学部経営学部を卒業し、東京都庁に就職。77年、司法研修所をへて静岡地方裁判所判事補となり、以後、名古屋、群馬などに勤務。93年、那覇地方裁判所判事。97年、横浜地方裁判所判事。同年、インド北部に「ヒマラヤ稲葉学校」を設立。99年、琉球大学法文学部教授。2006年、那覇簡易裁判所判事。09年、名護簡易裁判所判事。12年、定年退官。13年11月、臨済宗の僧侶となる。14年1月、弁護士登録。同年9月、インド・ラジギールで修行。15年1月よりインド・ナグプール仏教大学設立アドバイザーとして活動中。

# 食べない、死なない、争わない

平成27年 4月21日　第1刷発行
平成28年 4月27日　第3刷発行

著　者　稲葉耶季

発行者　室橋一彦

発行所　株式会社 マキノ出版
〒113-8560　東京都文京区湯島2-31-8
☎03-3815-2981　振替00180-2-66439
マキノ出版のホームページ　http://www.makino-g.jp

印刷所
製本所　株式会社フォーネット社



ISBN978-4-8376-7221-0